新能源汽车
故障诊断技术

主　编　孙志刚

副主编　朱立东　董文卓　丁一启

参　编　王浩名　初　群　钟　原
　　　　苏学园　范吴丹

机械工业出版社

本书主要围绕新能源汽车"三电"核心系统、高低压工作系统、充电系统等展开的一系列综合故障案例，来介绍目前新能源汽车故障的发生规律和诊断技术的一般规律，以及一般工具的使用。本书是以为企业输送新能源汽车维修、诊断等方向的技术型人才为目标而编写的。

本书主要介绍几种典型的新能源汽车整车故障，采用项目式教学方式编写教材内容。全书包括七个项目，分别是新能源汽车故障诊断基础知识认知、动力蓄电池管理系统的故障检修、驱动电机及控制系统的故障诊断与排除、智能钥匙系统的故障诊断与排除、低压不能上电的故障诊断与排除、高压不能上电的故障诊断与排除、充电系统的故障诊断与排除。每个项目包含2~3个典型任务，每个任务结合"任务驱动式"学习理念，以及参考"小组式"职业教育课堂教学8环节，设计为任务目标—任务框图—任务导入—任务分组—获取信息—进行决策—任务实施—评价反馈的活页式教材。每个知识点采用"问题式"教学导向，以提问的方式引出每个知识点，教学内容深入浅出，通俗易懂，图文并茂，可作为新能源汽车维修相关专业的职业院校的教材。

本书编写从"岗课赛证"综合育人的理念出发，融"岗""赛""证"要素于"课"。教材编写通过"岗课融通""课赛融通"及"课证融通"，加强学生对最新的前沿技术、新标准规范等内容的学习，推进产业转型，培养更多创新型、复合型高素质新能源汽车技术技能人才。通过创建汽车维修站，模拟企业工作环境，从具体车辆典型故障案例入手，按企业检测流程实施项目式教学，在培养学生专业能力的同时全过程渗透职业核心能力训练以及培养职业道德素养，提高学生解决问题和实际工作的能力。

本书可作为高等职业院校新能源汽车检测与维修技术、新能源汽车技术、汽车检测与维修技术、汽车电子技术、汽车制造与试验技术等汽车专业教材，也可供从事本专业工作的相关工程技术人员参考。

为方便教学，本书配有课件等资源。凡选用本书作为授课教材的教师均可登录 www.cmpedu.com，以教师身份注册后免费下载，或来电咨询，咨询电话：010-88379201。

图书在版编目（CIP）数据

新能源汽车故障诊断技术 / 孙志刚主编. —北京：机械工业出版社，2023.7（2025.2重印）

ISBN 978-7-111-73565-6

Ⅰ.①新…　Ⅱ.①孙…　Ⅲ.①新能源－汽车—故障诊断—职业教育—教材　Ⅳ.①U469.707

中国国家版本馆CIP数据核字（2023）第137230号

机械工业出版社（北京市百万庄大街22号　邮政编码100037）
策划编辑：师　哲　　　　　　责任编辑：师　哲
责任校对：郑　婕　张　薇　封面设计：王　旭
责任印制：刘　媛
北京联兴盛业印刷股份有限公司印刷
2025年2月第1版第5次印刷
210mm×285mm·11.75印张·302千字
标准书号：ISBN 978-7-111-73565-6
定价：53.00元

电话服务　　　　　　　　　网络服务
客服电话：010-88361066　机　工　官　网：www.cmpbook.com
　　　　　010-88379833　机　工　官　博：weibo.com/cmp1952
　　　　　010-68326294　金　书　网：www.golden-book.com
封底无防伪标均为盗版　机工教育服务网：www.cmpedu.com

编委会

前言 Preface

　　2020 年我国颁布的《新能源汽车产业发展规划（2021—2035 年）》提出了新能源汽车新型产业新生态的质量保障和产业人才培养机制，提出加强对整车及动力蓄电池、电控等关键系统的质量安全管理、安全状态监测和维修保养检测；加快建立适应新能源汽车与相关产业融合发展需要的人才培养机制，编制行业紧缺人才目录，优化汽车电动化、网联化、智能化领域学科布局，引导高等院校、科研院所、企业加大国际化人才引进和培养力度。

　　2022 年 8 月 20 日，教育部发布《中国职业教育发展白皮书》。白皮书介绍，职业教育是国民教育体系和人力资源开发的重要组成部分。发展职业教育，已经成为世界各国应对经济、社会、人口、环境、就业等方面的挑战，实现可持续发展的重要战略选择。进入新时代，中国政府高度重视职业教育，把职业教育摆在经济社会发展和教育改革创新更加突出的位置，不断加大政策供给、创新制度设计，加快建设现代职业教育体系，充分发挥中国特色社会主义制度优势。政府主导与市场引导相结合、发展经济与服务民生相结合、教育与产业相结合，构建了现代职业教育发展的制度体系，形成了职业教育发展的中国模式，为中国式现代化道路注入了强劲的职教力量。

　　教材开发团队充分结合产业发展趋势与职业教育新理念，并参照《职业教育专业目录2021》汽车相关专业调研了主机厂、主机厂指定服务商、部件厂、各类汽车维修企业等相关企业和新能源汽车组装、测试、售后、救援等相关岗位，分析了汽车销售顾问、测试工程师、售后服务顾问、维修技师、动力蓄电池研发工程师等岗位的实际工作任务，依据国家教学标准要求，组织了相关学校教师和企业专家，结合其多年的教学经验和实践基础，以比亚迪新能源汽车秦 EV 车型为蓝本，开发了本书。

　　本书将文化教育与素质教育相融合，以专业人才培养目标为依据，以所在专业能力结构为主线，贯彻落实党的二十大精神，用社会主义核心价值观铸魂育人。本书文字简洁、通俗易懂、图文并茂、形象直观，在培养学生专业能力的同时，关注学生身心的健康发展，坚定学生的理想信念，加强职业道德与爱国主义的教育，激发学生的家国情怀和使命担当，培养学生的工匠精神，培养适合新时代发展需要的高素质人才。同时借助"互联网＋"及信息技术，紧抓数字化机遇，将二维码等数字技术融入教材，使本书内容立体化、可视化、数字化，能够满足"人人皆学、处处能学、时时可学"的学习需要，助力学生学习成长，进一步丰富、优化、更新教材数字化资源，推进教育数字化。

　　本书主要由吉林铁道职业技术学院和行云新能科技（深圳）有限公司联合编写，比亚迪汽车工业有限公司审核，由吉林铁道职业技术学院孙志刚任主编，吉林铁道职业技术学院朱立东、董文卓、丁一启任副主编，参与编写的还有王浩名、初群、钟原、苏学园、范吴丹。

　　本书在编写过程中，得到了吉利人才发展集团提供的相关的岗位资讯及中肯的建议，开阔了编者的编写思路，在此一并表示衷心的感谢。另外，本书在编写过程中参考了大量的文献资料，在此向文献资料的作者致以诚挚的谢意。

　　由于编者水平有限，书中不妥或错误之处在所难免，恳请读者提出宝贵意见和建议，以便修订时予以纠正。

编　者

二维码索引

目 录 Contents

项目一
新能源汽车故障诊断基础知识认知

任务一　诊断设备的连接与使用

任务目标

知识目标

1. 掌握常见的新能源汽车故障诊断仪的类型。
2. 掌握车载自动诊断仪端子的意义及自诊断过程。

技能目标

1. 能识别道通故障诊断仪的各功能区域。
2. 能正确读取数据流及故障码。
3. 能够运用仪表正确测量诊断接口。

素养目标

1. 认真严谨、积极主动、安全生产、文明施工。
2. 与小组成员、同学之间能合作交流、协调工作。
3. 获得分析问题和解决问题的基本方法。
4. 积极主动与小组成员交流、讨论学习成果，取长补短，完成自我提升。

任务框图

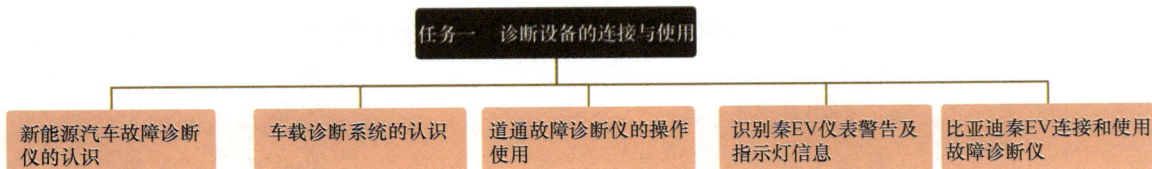

任务导入

　　现代新能源汽车车身多个位置（如电机、轮胎、车窗、风窗玻璃、电气系统和座椅等）安装了传感器，通过这些传感器信号感知车辆状况的系统被称为车载诊断系统，简称为 OBD 系统。这样汽车可以跟踪自己的"健康"，实现人机交互功能，为车主快速定位车辆故障位置，并以警告灯闪亮的形式提醒车主；维修人员可根据其所报故障进行修理，实现车辆故障的快速排除。

　　现在新能源汽车行业亟须一批维修工程师，如果你是一名新能源汽车行业技术培训师，你能够详细地介绍汽车自诊断系统与故障诊断仪的结构、功能以及演示如何规范地使用故障诊断仪吗？

任务分组

学生任务分配表见表 1-1-1。

表 1-1-1　学生任务分配表

班　级		组　号		指导教师	
组　长		学　号			
组　员	姓名：_____　学号：_____		姓名：_____　学号：_____		
	姓名：_____　学号：_____		姓名：_____　学号：_____		
	姓名：_____　学号：_____		姓名：_____　学号：_____		
	姓名：_____　学号：_____		姓名：_____　学号：_____		
任 务 分 工					

（就组织讨论、工具准备、数据采集、数据记录、安全监督、成果展示等工作内容进行任务分工）

获取信息

❓ 引导问题 1：目前新能源汽车故障诊断越来越便利，市面上出现了多种故障诊断仪器，你所了解的有哪些设备呢？_____

_____

职业认证　　　　电动汽车高电压系统评测与维修职业技能等级要求（高级）中的电动汽车整车安全排查任务就涉及电动汽车综合故障诊断，要求操作人员掌握故障诊断仪的使用方法。通过电动汽车高电压系统评测与维修职业技能等级（高级）考核，可获得教育部颁发的电动汽车高电压系统评测与维修职业技能等级证书（高级）。

知识点提示

新能源汽车故障诊断仪的认识

新能源汽车故障诊断仪是用于检测汽车故障的便携式智能汽车故障自检仪，也称为汽车ECU检测仪。用户可以利用它迅速地读取汽车电控系统中的故障，并通过液晶显示屏显示故障信息，迅速查明发生故障的部位及原因。

目前，市场上常见的故障诊断仪有以下三种类型。

1. 常规车载故障诊断仪（如 OBD 系统）

故障诊断仪用于检测或监控汽车运行过程中的电机电控系统以及车辆功能模块的工作状况，当汽车上某个系统出现故障后，故障灯会发出警告。常规车载故障诊断仪可以同时检测汽车上的多个系统和零件。当车辆故障指示灯闪亮时，通过常规车载故障诊断仪可以读取故障码，从而确定车辆故障位置和原因，方便人员进行维修。图 1-1-1所示为汽车自诊断系统显示的汽车当前运行状况。

图 1-1-1　汽车自诊断系统显示的汽车当前运行状况

2. 通用型故障诊断仪（涵盖市面上大部分产品，如道通、元征等品牌）

故障诊断仪用于实现与车载内各电子控制装置 ECU 之间的对话，传送故障码以及汽车各模块系统的状态信息，可以方便诊断系统升级，读取故障码，保存各车型故障码以及用鼠标键盘操作不同的诊断功能等，可给维修人员进行故障诊断带来极大的便利。图 1-1-2 所示为道通故障诊断仪操作界面。

3. 原厂专用故障诊断仪（由汽车厂家开发和授权，提供给经销商使用）

图 1-1-3 所示为宝马汽车专用故障诊断仪。

图 1-1-2　道通故障诊断仪操作界面

图 1-1-3　宝马汽车专用故障诊断仪

❓ **引导问题 2：** 随着汽车数量的逐渐增多，汽车尾气所带来的影响越来越严重，为了控制汽车排放，美国汽车工程师协会（SAE）与环境保护机构（EPA）等制定了一套排放监控的标准规范，由此产生了 OBD-Ⅰ系统。在初期，OBD-Ⅰ系统主要用于监测排放控制系统的性能，确保有效控制机动车辆的排放。经过一系列的发展更新产生了 OBD-Ⅱ系统。由于考虑新能源汽车没有汽车污染排放，是否可以不用 OBD 系统来监控排放？请查阅资料，说说你认为现代新能源汽车是否需要标配 OBD 系统。＿＿＿＿＿＿＿＿＿＿＿＿＿

＿＿＿＿＿＿＿＿＿＿＿＿＿＿＿＿＿＿＿＿＿＿＿＿＿＿＿＿＿＿＿＿＿＿＿＿＿＿＿

知识点提示

车载诊断系统的认识

车载诊断（OBD）系统起源于美国，随着汽车行业的发展和对 OBD 系统的重视，OBD 系统对汽车维修起着越来越重要的作用。随着美国汽车工程师协会对诊断接口和通信方式等技术进行了标准化规定，OBD 系统从不统一的第一代发展到了统一标准的第二代 OBD-Ⅱ 系统。美国汽车工程师协会制定的这一套标准规范经由"环境保护机构"及"加州资源协会"（CARB）认证通过，并要求各汽车厂家依照 OBD-Ⅱ 标准提供统一的诊断模式、插座，用一台机器即可对各车型进行诊断检查。为保证车辆使用过程中排放控制性能的耐久性，我国在《轻型汽车污染物排放限制及测量方法（中国Ⅲ、Ⅳ阶段）》中明确要求，"所有汽车必须装备车载诊断（OBD）系统，该系统能确保在汽车整个寿命期内识别出零件劣化或零件故障。"虽然电动汽车不必使用 OBD-Ⅱ DLC 标准或 OBD-Ⅱ CAN 通信协议，但很多纯电动汽车的故障诊断仪都使用 OBD-Ⅱ 标准。

> ❓ 引导问题 3：请查阅相关资料，结合右边二维码的视频，简单说说如何正确使用道通科技研发的 MS908E 诊断仪。_____
> _____

道通
MS908E
介绍

知识点提示

道通故障诊断仪的操作使用

MaxiSysTM 是道通科技研发的新一代汽车智能诊断系统。道通 MS908E 使用 A9 四核 1.40GHz 处理器，配备 9.7in LED 电容式触摸屏，基于全新的 Android 多任务操作系统，并应用 VCI 无线蓝牙连接方式，可更方便、快捷、高效地诊断汽车故障，如图 1-1-4 所示。

1. 诊断仪的结构说明

（1）道通 MS908E 汽车智能诊断仪的基本结构　道通 MS908E 汽车智能诊断仪的基本结构如图 1-1-5 所示，其基本结构说明见表 1-1-2。

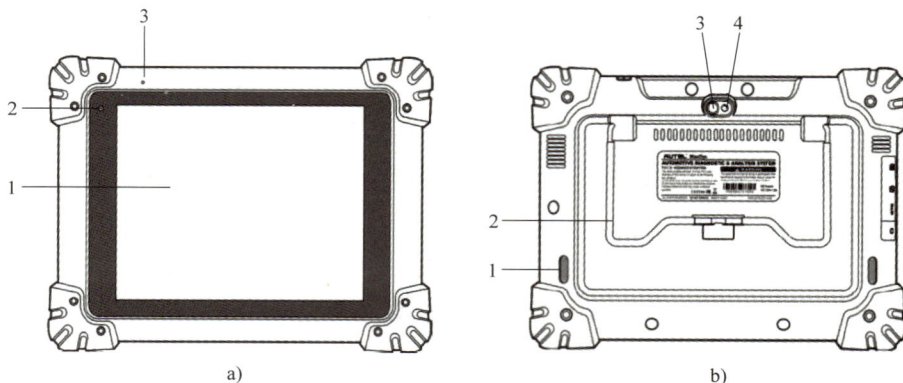

图 1-1-4　道通 MS908E 诊断仪

a）　　　　　　　　　b）

图 1-1-5　道通 MS908E 汽车智能诊断仪的基本结构
a）正面　b）背面

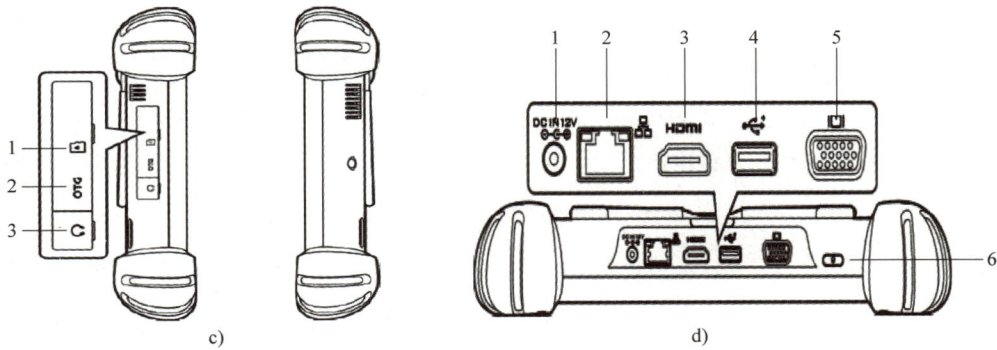

图 1-1-5 道通 MS908E 汽车智能诊断仪的基本结构（续）

c）左侧　d）顶部

表 1-1-2 道通 MS908E 汽车智能诊断仪的基本结构说明

位置	序号	功能
正面	1	9.7in LED 电容式触摸屏
	2	光线传感器——用于检测周围环境的亮度
	3	麦克风
背面	1	扬声器
	2	可折叠支架——从平板背面展开以 30° 角支撑设备，方便平稳摆放
	3	照相机镜头
	4	照相机闪光灯
左侧	1	迷你 SD 卡槽
	2	迷你 USB OTG 端口
	3	耳机插口
顶部	1	电源插口
	2	网络连线插口
	3	HDMI（高清晰度多媒体连接插口）
	4	USB 端口
	5	VGA（视频图形阵列）端口
	6	锁屏 / 电源按钮——长按可开机 / 关闭，短按可锁屏

（2）蓝牙诊断接口设备的基本结构　蓝牙诊断接口设备的基本结构如图 1-1-6 所示，其基本结构说明见表 1-1-3。

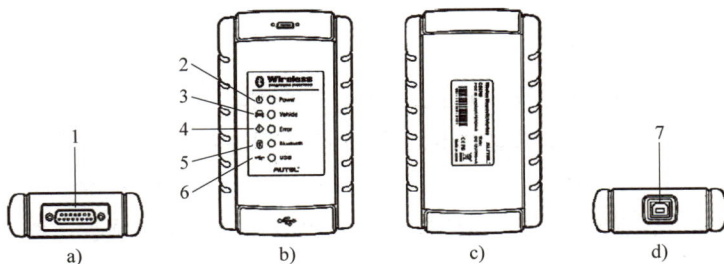

图 1-1-6 蓝牙诊断接口设备的基本结构

a）顶部　b）正面　c）背面　d）底部

表 1-1-3　蓝牙诊断接口设备的基本结构说明

位置	序号	功能
顶部	1	车辆数据接口
正面	2	电源指示灯，通电后绿灯持续亮
	3	车辆指示灯，与车辆网络通信后绿灯闪烁
	4	故障指示灯，出现严重硬件故障时红灯持续亮，执行软件/硬件更新时红灯闪烁
	5	蓝牙指示灯，与 MaxiSys 平板诊断设备通过蓝牙连接通信时绿灯持续亮
	6	USB 指示灯，通过 USB 连接线与 MaxiSys 平板诊断设备正确连接时绿灯持续亮
背面		设备标识
底部	7	USB 端口

（3）诊断仪器配件——测试主线结构　如图 1-1-7 所示，VCI 设备可通过测试主线连接 OBD Ⅱ/EOBD 兼容车型并获得供电。通过测试主线建立 VCI 设备与车辆之间的通信后，VCI 设备可将接收到的车辆数据传送至 MaxiSys 平板诊断设备。

（4）诊断仪器配件——诊断接口　如图 1-1-8 所示，OBD Ⅱ 插头用于连接非 OBD Ⅱ 车辆诊断插座，可根据所测试车辆的品牌型号选择合适的插头。

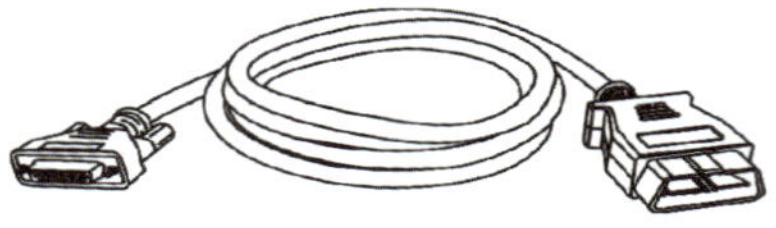

Benz-14　　Chrysler-16　　BMW-20　　Kia-20

Nissan-14　　GM/Daewoo-12　　Honda-3　　Fiat-3

PSA-2　　Benz-38　　VW/Audi-2+2　　Chang'an-3

Mitsubishi/Hyundai-12+16

图 1-1-7　测试主线 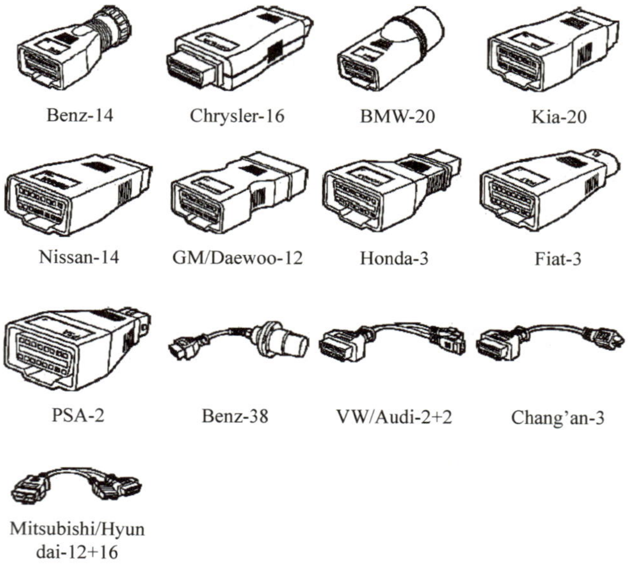　　　　图 1-1-8　常用诊断接口

2. 故障诊断仪的使用方法

故障诊断仪通过 VCI 设备与车辆连接后，可用来读取车辆各系统工作状态，如查看故障码和数据流，进行车辆动作测试和数据标定等。诊断程序可连接访问多个电控系统模块，如 VCU（整车控制器）、PEU（集成式控制系统）、BMS（蓄电池管理系统）、BCM（车身控制模块）等相关核心部件。使用设备前，应确保设备内置电池电量充足或已连接直流电源。

（1）开机　按下平板诊断设备顶部左侧的"锁屏/电源"按钮开启设备。系统启动后将显示锁定屏幕，按住并拖曳小圆圈至外圈边缘解锁屏幕，系统将显示 MaxiSys 程序菜单，如图 1-1-9 所示。

屏幕定位器
和导航按钮

应用程序菜单

状态图示

图 1-1-9　开机画面

（2）应用程序菜单说明　道通故障诊断仪应用程序菜单详细说明见表 1-1-4。

表 1-1-4　道通故障诊断仪应用程序菜单详细说明

程序图标	名称	描述
	诊断	运行及执行汽车诊断程序
	维修保养	在"维修保养"中列举了所有常见的特殊功能，单击功能图标，进入车型后，可对车型进行快速保养复位
	防盗	防盗功能
	高级驾驶辅助服务	ADAS（高级驾驶辅助系统）产品及相关软件云服务产品
	更新	查看，下载并安装 MaxiSys 系统的最新更新软件
	功能查询	在"功能查询"中列举了所用常用特殊功能，可以通过查询功能名称来获取操作路径
	维修站管理	用于编辑和保存维修站信息及用户信息，同时查看测试车辆的历史记录
	远程操控	通过运行 TeamViewer 远程控制软件程序来接受远程支持
	一键截屏	长按图标，可一键保存当前界面的数据
	数据管理	用于浏览和管理已保存的数据文件
	VCI 管理	建立并管理与 VCI 设备的蓝牙通信连接
	支持	登录线上"支持"平台连接道通公司在线服务点进行同步通信操作
	快速链接	提供关联网站书签，快速获取产品相关的更新、服务、支持以及其他信息
	示波器	具有示波器的功能，可以用来测量总线信号
	培训	存储和播放关于设备使用或车辆诊断技巧的技术教程和培训视频
	MaxiFix	登录 MaxiFix 线上数据库，查询和浏览海量通用的维修技巧和参考信息

（3）**屏幕定位器和导航按钮**　屏幕定位器和导航按钮的详细说明如图 1-1-10 所示。

图 1-1-10　屏幕定位器和导航按钮的详细说明
1—返回上一界面　2—主页键　3—最近使用程序　4—Chrome 浏览器　5—相机
6—显示与声音　7—多任务快捷按钮　8—VCI　9—MaxiSys 快捷键　10—维修保养

（4）**关机**　关闭 MaxiSys 平板诊断设备前，必须终止所有车辆通信。如果 VCI 设备与车辆处于通信中，关机时会显示一条警告信息。通信时强制关机可能会导致一些车辆的电控模块出现问题。请在关机前退出诊断应用程序。

关闭 MaxiSys 平板诊断设备的方法如下：

1）按住"锁屏 / 电源"按钮。

2）单击"确定"后系统将在几秒内关闭。

> ❓ 引导问题 4：在新能源汽车诊断过程中，技术维修人员通常读取仪表指示灯信号。请问，你了解的仪表指示灯符号有哪些？
>
> _____
>
> _____

💡 知识点提示

识别秦 EV 仪表警告及指示灯信息

秦 EV 仪表模块主界面如图 1-1-11 所示。

图 1-1-11　秦 EV 仪表模块主界面

秦 EV 仪表的警告及指示灯介绍见表 1-1-5。

表 1-1-5　秦 EV 仪表的警告及指示灯介绍

名称	图标	工作逻辑
转向指示灯	← →	仪表通过硬线采集组合开关转向信号
远光灯指示灯		组合仪表接收到远光灯"开启"的 CAN 信息时，此灯长亮；接收到远光灯"关闭"的 CAN 信息时，此灯熄灭，此指示灯和远光灯同步工作
小灯指示灯		从组合开关接收小灯开关信号（CAN）
前雾灯指示灯		从组合开关接收前雾灯开关信号（CAN）
后雾灯指示灯		从组合开关接收后雾灯开关信号（CAN）
驾驶人座椅安全带指示灯		从十合一（BCM）接收安全带开关信号（CAN）
SRS（安全气囊）故障警告灯		从安全气囊系统接收安全气囊故障信号
ABS 故障警告灯	(ABS)	接收网关发送的 ABS 故障信息，指示灯亮。CAN 线断线亮
驻车制动故障警告灯	(!)	从驻车制动开关接收驻车信号（硬线），从制动液位开关接收制动液位信号（硬线），或组合仪表采集到"EBD 故障"信号（CAN）
EPS（电子助力转向系统）故障警告灯	（红色）	CAN 通信传输，EPS 控制单元发送 EPS 故障指示信号给组合仪表，仪表 CPU 命令指示灯亮
智能钥匙系统警告灯		从智能钥匙系统读取钥匙信息（CAN）
前照灯调节指示灯（预留）		组合仪表采集前照灯调节单元的模式信号（CAN）
定速巡航主显示指示灯	（绿色）	CAN 通信传输，电机控制器（MCU）发送开关量信号给组合仪表，仪表 CPU 根据信号处理此指示灯状态
定速巡航主控制指示灯	SET（绿色）	CAN 通信传输，电机控制器发送开关量信号给组合仪表，仪表 CPU 根据信号处理此指示灯状态
车门和行李舱开关状态指示灯		从十合一（BCM）接收各车门和行李舱开关状态（CAN）
主告警灯	⚠	从 ESC、ABS、SRS 等接收到故障信息及提示信息（除背光调节、车门及行李舱状态信息外）
充电系统故障警告灯	（红色）	CAN 线传输 DC 及充电系统故障信号，组合仪表控制指示灯亮
动力蓄电池电量低指示灯	（黄色）	CAN 通信传输，动力蓄电池管理模块发送动力蓄电池组电量过低报警信号给组合仪表，仪表 CPU 控制此指示灯亮。指示灯亮需与电量表进入红色区域同步
动力蓄电池充电连接指示灯	（红色）	硬线传输，充电感应开关闭合时，此指示灯亮。充电感应开关断开时，此指示灯熄灭
电机过热警告灯	（红色）	CAN 通信传输，电机控制器发送动力电机过温报警信号给组合仪表，仪表 CPU 命令指示灯亮

（续）

名称	图标	工作逻辑
动力系统故障警告灯	（红色）	CAN 通信采集到蓄电池管理器（BMC）、M2 电机控制模块的故障信号时，CPU 驱动指示灯亮
OK 指示灯	OK（绿色）	M2 电机控制模块通过 CAN 发送 "READY" 指示灯亮信号给组合仪表，仪表 CPU 控制此指示灯亮
经济模式指示灯	ECO（绿色）	CAN 线传输，组合仪表 CPU 驱动指示灯工作
运动模式指示灯	SPORT（绿色）	CAN 线传输，组合仪表 CPU 驱动指示灯工作
电子驻车状态指示灯	(P)（红）	CAN 传输，组合仪表采集网关转发的 ID 为 0x218 报文信号，并根据报文的内容进行相应的指示
电机冷却液温度过高警告灯	（红色）	CAN 通信传输电机控制器的冷却液温度过高报警信号，仪表 CPU 控制此指示灯亮
ESP 系统（车身电子稳定系统）故障警告灯		接收到 ESP 系统故障信号（CAN）
ESP OFF 警告灯		接收到 ESP 系统关闭信号（CAN）
胎压故障警告灯		胎压监测系统接收到胎压故障信号（CAN）

进行决策

1）各组派代表阐述资料查询结果。

2）各组就各自的查询结果进行交流并分享技巧。

3）教师结合各组完成的情况进行点评并选出最佳方案。

任务实施

安全要求及注意事项见表 1-1-6，设备及工具清点表见表 1-1-7。

表 1-1-6　安全要求及注意事项

安全要求及注意事项
1）实训开始前，提前准备好需要使用的个人防护用品，并检查是否符合使用标准。
2）实训开始前，提前做好场地防护，设置警告标识，在操作位置布置好绝缘防护措施。
3）实训过程中，严禁嬉戏打闹，做好数据记录和结果记录。
4）实训结束后，必须清理场地和设备，撤除警示标识。

表 1-1-7　设备及工具清点表

名称	数量	清点
比亚迪秦 EV 汽车	1 辆	□清点
OBD-Ⅱ接口	1 个	□清点
道通故障诊断仪	1 个	□清点
标识牌和护栏	各 1 个	□清点

比亚迪秦 EV 连接和使用故障诊断仪

1）车辆工位、设备工具准备：将车辆安全停放至举升工位，准备配套安全防护设备，检查配套日常常用工具，如图 1-1-12 所示。

2）道通 MS908E 汽车智能诊断仪连接：将测试主线与 VCI 连接，USB 线与 VCI 连接，USB 线与平板显示器连接，测试主线连接到车辆 OBD-Ⅱ诊断插口（注意车辆需处于下电状态），测试主线连接到车辆 OBD-Ⅱ诊断插口（注意确定与车辆成功配对）。对应操作示意图如图 1-1-13 所示。

图 1-1-12 车辆准备

图 1-1-13 道通 MS908E 汽车智能诊断仪连接

3）用诊断设备读取车辆参数信息，读取故障码：确定与车辆成功配对，打开诊断仪电源开关，屏幕解锁，单击"MaxiSys"键，单击"诊断"键，单击"比亚迪"，单击"秦 EV"，选择控制单元（也可选择自动扫描），选择检测模块（比如 VCU），读取故障码，界面显示当前车辆存在的故障码，返回上一界面，清除故障码。对应操作示意图如图 1-1-14 所示。

图 1-1-14 诊断设备读取车辆参数信息，故障码的读取

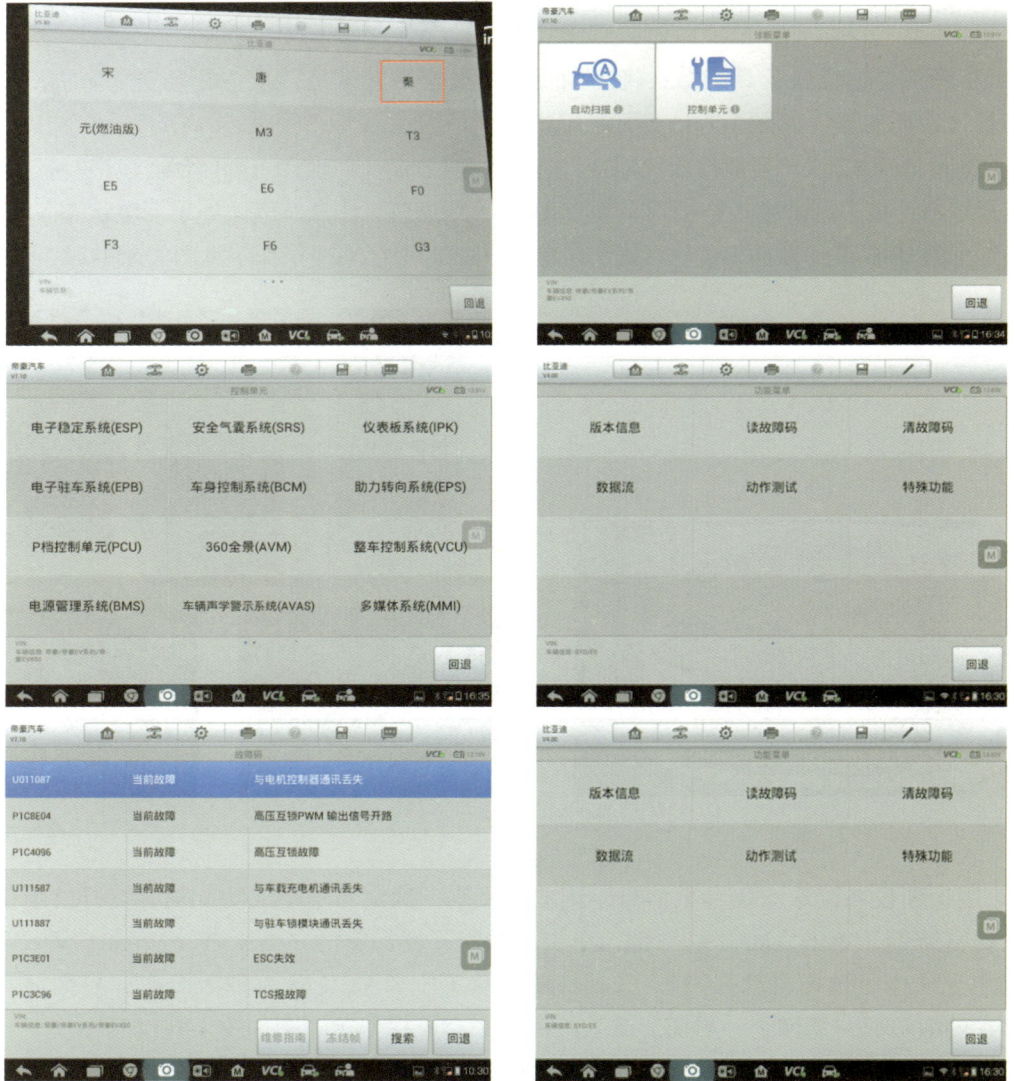

图 1-1-14　诊断设备读取车辆参数信息，故障码的读取（续）

4）数据流的读取（以 VCU 为例）：在此界面上选择数据流，显示当前车辆数据信息，上下滑动触摸屏可以实现翻页，按右下角的"返回"可退回上一界面。操作示意图如图 1-1-15 所示。

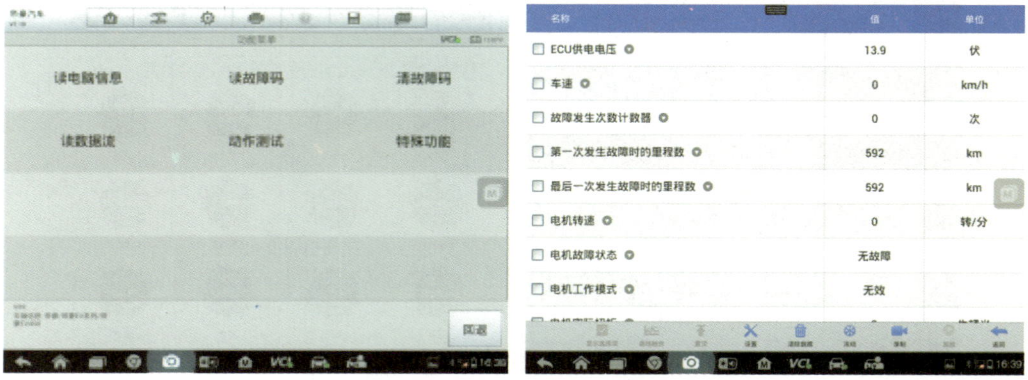

图 1-1-15　数据流的读取

5）动作测试或其他功能：在此界面中可以选择动作测试功能，进入动作测试界面后可以对相关元器件实施动作测试功能，如图 1-1-16 所示。

图 1-1-16　动作测试或其他功能

评价反馈

1）各组代表展示汇报 PPT，介绍任务的完成过程。

2）以小组为单位，对各组的操作过程与操作结果进行自评和互评，并将结果填入表 1-1-8 中。

表 1-1-8　学生评价表

姓名		学号			班级			组别		
实 训 任 务										
评 价 项 目	分值	等　　级				评价对象（组别）					
		A	B	C	D	1	2	3	4	5	6	7	8
方案合理	20	20	15	10	5								
团队合作	20	20	15	10	5								
工作质量	20	20	15	10	5								
工作规范	20	20	15	10	5								
汇报展示	20	20	15	10	5								
合计	100	各组得分											
总结与反思													

（如：学习过程中遇到什么问题→如何解决的／解决不了的原因→心得体会）

⟩⟩教师对学生工作过程与工作结果进行评价，并将评价结果填入表 1-1-9 中。

表 1-1-9　教师对学生评价表

姓名			学号		班级		组别	
实训任务								
评价项目			评价标准				分值	得分
考勤（10%）			无故意迟到、早退和旷课的现象				10	
工作过程（60%）	知识目标	获取信息	掌握工作相关知识				10	
		进行决策	制订工作方案，方案合理可行				10	
	技能目标	任务实施	会用故障诊断仪检测车辆故障码				5	
			能识别故障诊断仪各功能部件				5	
			能识别 OBD 接口端子号				5	
			能够识别车辆自诊断指示灯信号				5	
	素养目标	工作态度	认真严谨、积极主动、安全生产、文明施工				5	
		团队合作	与小组成员、同学之间能合作交流、协调工作				5	
		工作质量	能按照工作方案操作，按计划完成工作任务				10	
项目成果（30%）		工作完整	能按时完成工作任务的所有环节				10	
		工作规范	能在整个操作过程中规范操作，避免意外事故的发生				10	
		汇报展示	能准确表达、汇报工作成果				10	
合计							100	
综合评价		学生评价（50%）		教师评价（50%）			综合得分	
综合评语		（作业过程中存在的问题及改进建议）						

任务二　故障诊断仪与诊断接口无法通信的故障诊断与排除

🎯 任务目标

知识目标
1. 掌握诊断接口各端子的含义。
2. 掌握诊断接口故障的检查方法。

技能目标
1. 能正确认知故障诊断仪与诊断接口。
2. 能正确读取数据流及故障码。
3. 能够运用仪表正确测量诊断接口。
4. 能独立完成故障诊断仪与诊断仪接口无法通信的故障诊断与排除。

素养目标
1. 认真严谨、积极主动、安全生产、文明施工。
2. 与小组成员、同学之间能合作交流、协调工作。
3. 获得分析问题和解决问题的基本方法。
4. 积极主动与小组成员交流、讨论学习成果，取长补短，完成自我提升。

⚙ 任务框图

```
任务二　故障诊断仪与诊断接口无法
通信的故障诊断与排除
   ├─ 诊断连接口(DLC)与故障码(DTC)
   ├─ 故障诊断过程
   └─ 故障诊断仪与诊断接口无法通信的故障诊断
```

📋 任务导入

　　一辆比亚迪秦 EV，客户反映遥控钥匙无法解锁车辆，使用机械钥匙解锁，踩下制动踏板，按下起停开关后仪表黑屏无显示，喇叭可正常工作。将故障诊断仪与车辆连接，发现故障诊断仪与车辆所有模块都不能通信。你能用故障诊断仪诊断出全车模块不能通信的故障吗？

任务分组

学生任务分配表见表 1-2-1。

表 1-2-1　学生任务分配表

班　级		组　号		指 导 教 师	
组　长		学　号			
组　员	姓名：＿＿＿＿＿ 学号：＿＿＿＿＿		姓名：＿＿＿＿＿ 学号：＿＿＿＿＿		
	姓名：＿＿＿＿＿ 学号：＿＿＿＿＿		姓名：＿＿＿＿＿ 学号：＿＿＿＿＿		
	姓名：＿＿＿＿＿ 学号：＿＿＿＿＿		姓名：＿＿＿＿＿ 学号：＿＿＿＿＿		
	姓名：＿＿＿＿＿ 学号：＿＿＿＿＿		姓名：＿＿＿＿＿ 学号：＿＿＿＿＿		
任 务 分 工					

（就组织讨论、工具准备、数据采集、数据记录、安全监督、成果展示等工作内容进行任务分工）

获取信息

❓ 引导问题 1：扫描二维码，观看解码器与诊断接口无法通信故障视频后，并结合下面的解码器与诊断接口无法通信故障，说说这两个故障排查的思路有何差异？

＿＿＿＿＿＿＿＿＿＿＿＿＿＿＿＿＿＿＿＿＿＿＿＿＿＿＿＿＿＿＿＿＿＿＿＿＿

＿＿＿＿＿＿＿＿＿＿＿＿＿＿＿＿＿＿＿＿＿＿＿＿＿＿＿＿＿＿＿＿＿＿＿＿＿

解码器与诊断接口无法通信的故障检修

知识点提示

诊断连接口（DLC）与故障码（DTC）

车载诊断系统的连接口简称 DLC（Data Link Connector），是一个符合 ISO 标准的车载诊断插头，插头由 16 个端子组成，每一个端子均按照 ISO 标准定义。DLC 诊断座统一为 16PIN 端子，如图 1-2-1 所示，装置在驾驶室中驾驶人侧仪表板下方。

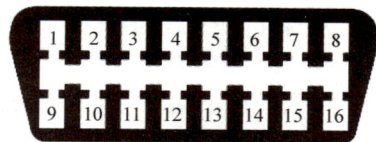

图 1-2-1　DLC 诊断连接口

DLC 端子定义见表 1-2-2。

注意：1、3、8、9、11、12 和 13 未做分配，可由车辆制造厂定义；2、6、7、10、14 和 15 做诊断通信用。根据实际使用通信协议的不同，它们往往不会都被使用，未使用的可由车辆制造厂定义。对于不同的通信协议，有效的端子不同。

表 1-2-2　DLC 端子定义

端子	定义	端子	定义
1	厂家定义	9	厂家定义
2	SAE J1850 总线正	10	SAE J1850 总线负
3	厂家定义	11	厂家定义
4	车身地	12	厂家定义
5	信号地	13	厂家定义
6	ISO 15765-4 定义的 CAN 高	14	ISO 15765-4 定义的 CAN 低
7	ISO 9141-2 和 ISO 14230-4 定义的 K 线	15	ISO 9141-2 和 ISO 14230-4 定义的 L 线
8	厂家定义	16	永久正电压

　　OBD 系统在汽车运行过程中实时监测驱动电机、电控系统、动力蓄电池系统及车辆其他功能模块的工作状况，如有发现汽车的工况异常，则根据特定的算法判断出具体的故障，并以诊断故障码（Diagnostic Trouble Codes，DTC）的形式储存在系统内的存储器上。DTC 共监测四个系统故障，是由"一个字母和四个数字"组成的，见表 1-2-3。

　　1）第一位是字母，表示故障所属系统，有以下四种情况：

　　P：Powertrain，动力系统故障；

　　C：Chassis，底盘故障；

　　B：Body，车身故障；

　　N：Network，网络故障。

　　2）第二位是数字，表示故障类型，有以下四种情况：

　　0：ISO/SAE 标准定义的故障码；

　　1：制造商自定义的故障码；

　　2：ISO/SAE 预留；

　　3：ISO/SAE 预留。

　　3）第三位是数字，表示故障所属的子系统；以动力系统为例（P 开头的故障码），有以下情况：

　　0：表示燃油和空气计量辅助排放控制整个系统；

　　1：表示燃油和空气计量系统；

　　2：表示燃油和空气计量系统（喷油器）；

　　3：表示点火系统；

　　4：表示废气控制系统；

　　5：表示巡航、怠速控制系统；

　　6：车载 ECU 和输出信号；

　　7：传动系统控制；

　　8：传动系统控制。

　　4）最后两位是数字，表示具体故障对象和类型。该部分内容遵循 ISO 15031-6 标准。

表 1-2-3　DTC 类型

字母代码	故障对象	数字代码	类型
B	车身	2622	节气门位置输出电压高
C	底盘	1226	右前轮轮速传感器的信号变化过大
P	动力系统	0101	空气流量传感器失常
U	网络	3000	电子助力转向故障

❓ **引导问题2**：前面学习了有关新能源汽车故障诊断技术的相关知识，那你知道故障诊断过程的具体操作吗？请你思考一下，将其写在下面横线上。

_____

_____

💡 知识点提示

故障诊断过程

（1）检测到故障　一旦 OBD 系统检测到有与计算机相连接的动力系统故障，包括任何能实现检测功能的相关的传感器电路连通状态不正常，则认为发生了故障。

（2）故障的指示　OBD 系统在检测到故障之后会根据故障的状态进行以下处理：

1）使故障指示器亮、闪烁或熄灭。

2）在 ECU 内部添加、更新和删除故障相关信息，这些信息将被标准的故障诊断仪通过标准的诊断接口读取。

（3）故障的确认与修复　OBD 系统对故障的处理因故障状态的不同而不同。为了更好地理解故障的状态，必须明确故障的确认和修复两个概念。

1）故障的确认：是指从故障首次被 OBD 系统检测出来到被系统认定，从而按照相应策略触发故障指示器（MI）的过程。一个故障在被确认之前称为偶发故障，在被确认之后称为已确认故障。

2）故障的修复：是指 OBD 系统在故障被排除之后检测到故障已经不存在。故障的修复有一个确认过程，对于偶发故障，OBD 系统检测到故障被修复后会直接清除故障记录，对于已认定修复的故障，OBD 系统会依据相应的故障处理策略对故障指示器和故障内存进行相应的操作。

👥 进行决策

1）各组派代表阐述资料查询结果。

2）各组就各自的查询结果进行交流并分享技巧。

3）教师结合各组完成的情况进行点评并选出最佳方案。

👥 任务实施

安全要求及注意事项见表 1-2-4，设备及工具清点表见表 1-2-5。

表 1-2-4　安全要求及注意事项

安全要求及注意事项

1）实训开始前，提前准备好需要使用的个人防护用品，并检查是否符合使用标准。

2）实训开始前，提前做好场地防护，设置警告标识，在操作位置布置好绝缘防护措施。

3）检查实训场地和设备设施是否清洁及存在安全隐患，配电箱、插座是否符合用电需求，如不正常应汇报老师进行处理。

4）记录车辆铭牌信息，做好检测结果记录。

5）实训结束后，必须清理场地和设备，撤除警示标识。

表 1-2-5　设备及工具清点表

名称	数量	清点
整车（比亚迪秦 EV）	1 辆	□清点
道通 MS908E 汽车故障诊断仪	1 个	□清点
数字万用表	1 个	□清点
个人防护套装	2 套	□清点
工位防护套装	1 套	□清点
一体化工、量具	1 套	□清点
万用接线盒	1 个	□清点

❓ 引导问题 3：扫描二维码，观看故障诊断仪与诊断接口无法通信故障视频后，结合下面的故障诊断仪与诊断接口无法通信的故障诊断，说说这两个故障排查的思路有何差异。

_____

_____

故障诊断仪与诊断接口无法通信的故障诊断

1. 故障现象分析

起动车辆，发现仪表无任何显示（图 1-2-2），第一反应为全车无电，通过按压喇叭识别声音响度可初步判断辅助蓄电池电压是否正常，可先检查前机舱低压线束及蓄电池电压。本着故障诊断流程从简到难的原则，首先使用故障诊断仪进行诊断，发现故障诊断仪与全车模块不能通信。

导致故障诊断仪与全车模块不能通信的主要原因有故障诊断仪故障、DLC 接口故障、辅助蓄电池亏电等。图 1-2-3 所示为故障诊断仪与整车不能通信的故障原因。

图 1-2-2　仪表无任何显示

2. 故障排查

1）检查辅助蓄电池电压。辅助蓄电池亏电可造成全车无电，即车辆无法解锁，故障诊断仪与车辆不能通信等。检查结果为辅助蓄电池电压正常。

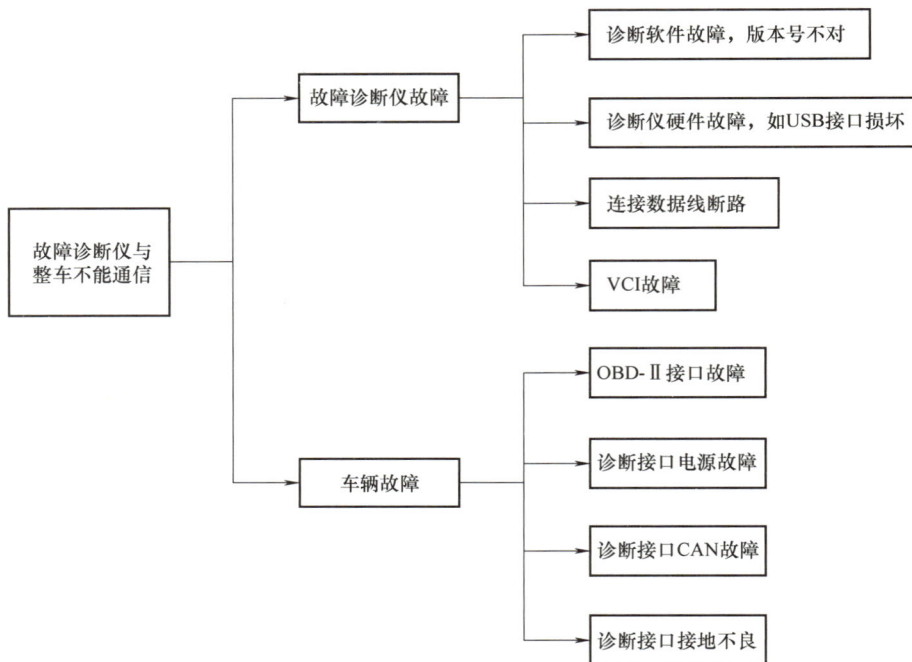

图 1-2-3　故障诊断仪与整车不能通信的故障原因

2）踩下制动踏板，打开起动开关，发现仪表不亮。

3）连接 VCI，将 OBD-Ⅱ诊断插头插入诊断接口，如图 1-2-4 所示。

4）选择车型，进行全车模块扫描，发现无故障，如图 1-2-5 所示。

图 1-2-4　故障诊断仪连接

图 1-2-5　全车模块扫描

5）诊断仪的 VCI 的 "power" 灯不亮，查询电气原理图（图 1-2-6），测量诊断接口 G03 端子 16 与 GND 的电压为 0，如图 1-2-7 所示，标准值为 12V。

6）关闭起动开关，断开蓄电池负极连接，用万用表测量 G03 端子 12 与端子 13 之间的电阻值，如图 1-2-8 所示，标准值为 60Ω。

7）连接蓄电池负极，测量熔断器插片上下两端电压，上端测量有电，下端测量无电，如图 1-2-9 所示，标准值为 12~13V。

3. 故障排除

更换 F2-45 熔断器插片，如图 1-2-10 所示，故障排除，全车模块扫描。

图 1-2-6　低压电路电气原理图

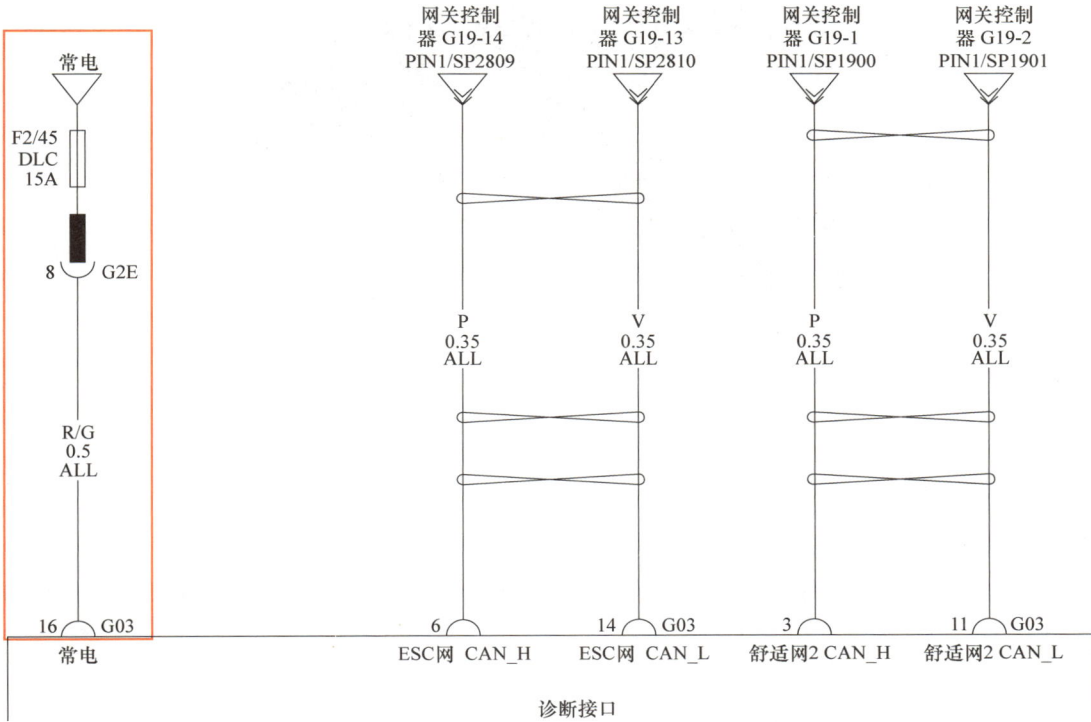

图 1-2-7　测量诊断接口 G03 端子 16 与 GND 的电压

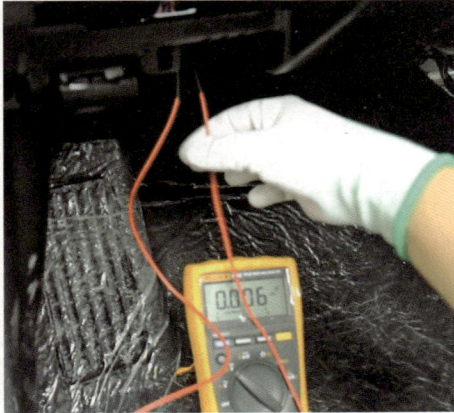

图 1-2-8　测量 G03 端子 12 与端子 13 之间的电阻值

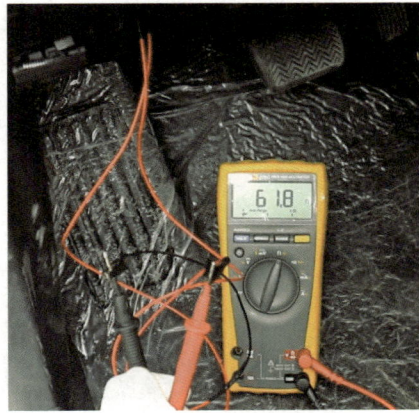

图 1-2-9　测量熔断器插片上下两端电压

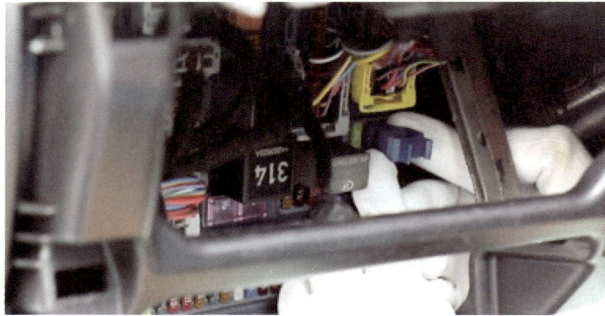

图 1-2-10　更换 F2-45 熔断器插片

4. 现场 6S 整理

评价反馈

1）各组代表展示汇报 PPT，介绍任务的完成过程。

2）以小组为单位，对各组的操作过程与操作结果进行自评和互评，并将结果填入表 1-2-6 中。

表 1-2-6　学生评价表

姓名		学号			班级		组别			
实训任务										
评价项目	分值	等　级				评价对象（组别）					
		A	B	C	D	1	2	3	4	5	6	7	8
方案合理	20	20	15	10	5								
团队合作	20	20	15	10	5								
工作质量	20	20	15	10	5								
工作规范	20	20	15	10	5								
汇报展示	20	20	15	10	5								
合计	100	各组得分											
总结与反思													

（如：学习过程中遇到什么问题→如何解决的 / 解决不了的原因→心得体会）

>> 教师对学生工作过程与工作结果进行评价，并将评价结果填入表 1-2-7 中。

表 1-2-7　教师对学生评价表

姓名			学号	班级	组别	
实 训 任 务						
评价项目			评价标准		分值	得分
考勤（10%）			无故意迟到、早退和旷课的现象		10	
工作过程（60%）	知识目标	获取信息	掌握工作相关知识		10	
		进行决策	制订工作方案，方案合理可行		10	
	技能目标	任务实施	能够使用故障诊断仪检测车辆故障码和读取数据流信息		5	
			能够识别低压电路电气原理图		5	
			能够正确分析诊断仪与整车无法通信的故障原因		5	
			能够完成诊断仪与诊断接口无法通信的故障诊断与排除		5	
	素养目标	工作态度	认真严谨、积极主动、安全生产、文明施工		5	
		团队合作	与小组成员、同学之间能合作交流、协调工作		5	
		工作质量	能按照工作方案操作，按计划完成工作任务		10	
项目成果（30%）		工作完整	能按时完成工作任务的所有环节		10	
		工作规范	能在整个操作过程中规范操作，避免意外事故的发生		10	
		汇报展示	能准确表达、汇报工作成果		10	
合计					100	
综合评价		学生评价（50%）	教师评价（50%）		综合得分	
综合评语		（作业过程中存在的问题及改进建议）				

情智课堂

降低能耗：新能源汽车未来可期

近年来，节能减排的呼声越来越高，全球"碳中和"进程不断加速。在国家政策支撑下，新能源汽车迎来了发展热潮，造车大军蜂拥而至，市场发展前景广阔。在使用过程中，与传统燃油汽车相比，新能源汽车在能耗和二氧化碳的排放量方面占据优势，实现了零排放与零污染。然而，从新能源汽车整个生命周期来看，其三电系统之一的动力蓄电池，在生产制造与回收环节均存在能耗和污染问题，并且对发电电网的输出功率要求很高。因此新能源汽车在使用过程中，并非真正意义上实现了零排放，而是将污染排放因素转移到了新能源汽车生命周期的其他地方。

从供电来看，国家需要大力发展电网以及建设充电站，据了解，终端用户每使用 1kW·h 电能，火力发电厂就要排放 0.86kg 的二氧化碳。据统计，对于电耗 14kW·h/100km 的 A 级电动汽车来说，每行驶 1 万 km 的碳排放量为 952kg，对于 A 级燃油汽车来说，每行驶 1 万 km 的碳排放总量是 1.626t（包括了石油开采运输的能耗）。相对来说新能源汽车比燃油汽车节能。

从动力蓄电池原料获取和制造过程来看，以 24kW·h 锂离子蓄电池组生产能耗数据显示，锂离子蓄电池采用锰酸锂正极和石墨负极，其中动力蓄电池材料生产能耗为 29.9GJ，动力蓄电池生产阶段能耗为 58.7GJ，而动力蓄电池组装阶段能耗为 0.3GJ（数据来源于美国凯斯西储大学研究数据），总能耗相当于 24696.8kW·h。与之相对，燃油汽车动力系统的生产制造主要考虑发动机的铸造和机加工。发动机主要零部件的生产能耗约为 417.63kW·h。对比可知，在动力系统生产制造阶段，动力蓄电池的能耗要比发动机能耗大得多。

从车辆回收中的处理来看，动力蓄电池的回收处理目前处于初级阶段，除去流入非正规市场的动力蓄电池，动力蓄电池回收阶段产生的能耗主要集中在对稀缺金属材料的回收。动力蓄电池回收市场乱象丛生，处理不当的动力蓄电池极易发生泄漏、爆炸、自燃，严重危害环境和人身安全，还浪费了大量的资源。由于动力蓄电池规格不一，缺乏统一标准，废旧动力蓄电池的状态无法追踪，极大增加了回收难度和回收成本，也让动力蓄电池回收利用的可行性遭遇瓶颈。相比之下，燃油汽车动力系统的回收、拆解、材料再生等过程相对简单，且已经拥有一套相对成熟的工艺。

综合上述，虽然新能源汽车在行驶阶段产生的污染低到可以忽略，但在其全生命周期的能耗和污染，与燃油汽车不相上下。动力蓄电池的生产制造、回收利用的情况也对新能源汽车的环保意义影响颇深。

不可否认，新能源汽车替代燃油汽车是大势所趋，但这是在汽车全生命周期低能耗、少污染的前提下，若只专注新能源汽车本身，而忽视其上、下游及相关产业的发展和完善，便违背了新能源汽车节能减排的初衷。

在动力蓄电池尚不能达到全生命周期的零排放、零污染的前提下，新能源汽车的发展还有意义吗？答案当然是肯定的。推进"碳中和"是全球发展的必然趋势，如何真正实现动力蓄电池全生命周期的低能耗与少污染仍需要进一步布局，新能源汽车技术走向成熟是汽车产业发展的必然。

项目二
动力蓄电池管理系统的故障检修

任务一　动力蓄电池热管理系统四通电磁阀检测

🎯 任务目标

知识目标

1. 了解动力蓄电池产热方式以及热失控的后果。
2. 掌握动力蓄电池热管理散热系统的分类。
3. 掌握比亚迪秦 EV 动力蓄电池直冷式散热系统的组成和工作原理。
4. 掌握动力蓄电池热加热系统的组成和工作原理。

技能目标

1. 能正确使用故障诊断仪读取动力蓄电池、空调系统数据流，并进行分析、判断异常数据流的原因。
2. 能正确读取动力蓄电池热管理及空调系统电气原理图，并进行控制电路的测量。
3. 能独立完成动力蓄电池热管理系统四通电磁阀的检测。

素养目标

1. 认真严谨、积极主动、安全生产、文明施工。
2. 与小组成员、同学之间能合作交流、协调工作。
3. 获得分析问题和解决问题的基本方法。
4. 积极主动与小组成员交流、讨论学习成果，取长补短，完成自我提升。

✈ 任务框图

任务导入

　　近些年，新能源汽车行业发展迅速，国内外新能源汽车的需求急剧增长，此时应该做好汽车产品质量的把控，否则将会面对高频率汽车故障，如动力蓄电池过热和自燃等问题，甚至危害车主安全。无论炎热的环境还是寒冷的环境，都需要有一套完整的热管理系统对动力蓄电池的温度进行调节控制。作为专业的汽车动力蓄电池热管理系统设计工程师和售后调试维修人员，都需要对动力蓄电池热管理系统的结构与工作原理有充分的认识，并且能够快速、准确地解决车主遇到的问题。

　　当比亚迪秦 EV 车主打开起动开关后，仪表"OK"灯不亮，同时仪表的动力蓄电池故障指示灯 闪烁。作为专业的维修人员，你如何帮助车主解决该故障呢？

任务分组

学生任务分配表见表 2-1-1。

表 2-1-1　学生任务分配表

班　级		组　号		指 导 教 师	
组　长		学　号			
组　员	姓名：_____ 学号：_____ 姓名：_____ 学号：_____ 姓名：_____ 学号：_____ 姓名：_____ 学号：_____		姓名：_____ 学号：_____ 姓名：_____ 学号：_____ 姓名：_____ 学号：_____ 姓名：_____ 学号：_____		
任 务 分 工					

（就组织讨论、工具准备、数据采集、数据记录、安全监督、成果展示等工作内容进行任务分工）

获取信息

❓ 引导问题 1：请查阅相关资料，说说新能源汽车的动力蓄电池组如果不能及时散热会发生什么后果。

_____

_____

知识点提示

动力蓄电池热性能的认识

在电动汽车上装载的单体蓄电池数目较多，多达几千个，这些单体蓄电池会以不同倍率放电，并以不同生热速率产生大量热量，再加上时间累积以及空间影响将会聚集大量热量，从而导致动力蓄电池组运行环境、温度情况复杂多变。动力蓄电池内温度上升严重影响动力蓄电池组电化学系统的运行、循环寿命、充电可接受性、动力蓄电池充放电功率和能量、安全性和可靠性等。如果电动汽车动力蓄电池组不能及时散热，将会导致动力蓄电池系统的温度过高或分布不均匀，降低动力蓄电池充放电循环效率，影响动力蓄电池的充放电功率和能量发挥，严重时会导致热失控，严重影响动力蓄电池系统的安全性与可靠性。图 2-1-1 所示为动力蓄电池热失控的过程。

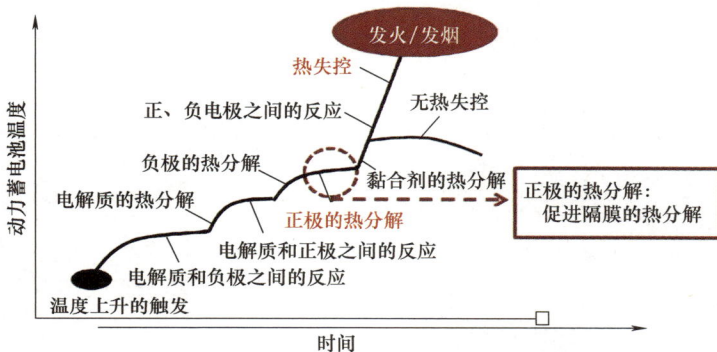

图 2-1-1　动力蓄电池热失控的过程

动力蓄电池产生的热量主要来源于反应热、副反应热、焦耳热、极化热四类，如图 2-1-2 所示。一般认为，在正常工作情况下主要考虑焦耳热。副反应热主要来源于电解液分解，同时会产生可燃气体，使动力蓄电池鼓胀。

若在低温环境下充电，容易在动力蓄电池的负极表面形成锂沉积，金属锂在负极表面积累的析锂会刺穿动力蓄电池隔膜，造成动力蓄电池正、负极短路，威胁动力蓄电池的使用安全，因此电动汽车动力蓄电池系统的低温充电安全问题极大地制约了电动汽车在寒冷地区的推广。

图 2-1-2　动力蓄电池的产热方式

为了提高整车性能，使动力蓄电池组发挥最佳的性能和使用寿命，需要优化动力蓄电池的结构，设计能够适应高温和低温的电动汽车动力蓄电池热管理系统。

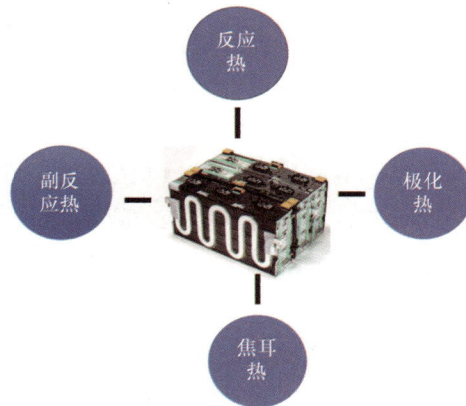

❓ 引导问题 2：请查阅资料，结合右边的视频，说说新能源汽车风冷冷却机构和液冷冷却机构由哪些部件组成。

_____

_____

风冷冷却机构和液冷冷却机构

知识点提示

动力蓄电池散热系统

1. 动力蓄电池的散热方式

目前，新能源汽车动力蓄电池的散热方式有自然风冷、液冷和直冷三种。

自然风冷是不依靠外部附加强制通风措施，只通过动力蓄电池自身产生的流体变化而产生的气流进行冷却散热的方式。此方式散热的效果极差，动力蓄电池散热的最低温度只能达到环境温度。此散热方式适用于对高温不敏感的磷酸铁锂蓄电池。图 2-1-3 所示为自然风冷动力蓄电池的外观。

动力蓄电池的液冷散热是指冷却液直接或间接地接触动力蓄电池，然后通过液态流体的循环流动把动力蓄电池内产生的热量带走达到散热效果的一种散热方式。冷却液的主要成分是水和乙二醇的混合物，散热效果好。图 2-1-4 所示为动力蓄电池散热管路分布。

图 2-1-3　自然风冷动力蓄电池的外观

图 2-1-4　动力蓄电池散热管路分布

直冷是指在液冷的基础上增加空调制冷剂冷却，即通过空调系统中的 R134a 或其他介质的制冷剂直接冷却冷却液，其散热效果非常好，也是目前比亚迪全系新能源汽车所搭载的动力蓄电池散热方式。比亚迪秦 EV 的直冷式散热系统由电动压缩机、电子膨胀阀、冷凝器、循环水泵、电子膨胀阀、板式换热器、蓄电池冷却电磁阀、冷却液温度传感器、四通阀、鼓风机、空调控制器（集成式车身控制器）和空调制冷管路等组成。图 2-1-5 所示为直冷式散热系统的结构。

热管理控制器　　水泵　　电子膨胀阀　　换热器

图 2-1-5　直冷式散热系统的结构

2. 散热系统的结构

图 2-1-6 所示为直冷式散热系统循环图，制冷功能是通过电动压缩机、冷凝器、电子膨胀阀、蒸发器、鼓风机、空调控制器和空调制冷管路等组件组合成的系统来实现。当驾驶室需要冷却时，电子膨胀阀 1 打开，电子膨胀阀 2 关闭；当动力蓄电池需要冷却时，电子膨胀阀 1 关闭、电子膨胀阀 2 打开；当动力蓄电池和驾驶室同时需要冷却时，电子膨胀阀 1 和 2 打开，同

时四通阀 AB 端和 CD 端通、AC 端和 BD 端不通；当动力蓄电池的温度持续上升到 50℃后，温度降不下来时，无论驾驶室是否需要制冷，空调控制器都会控制电子膨胀阀 1 关闭。

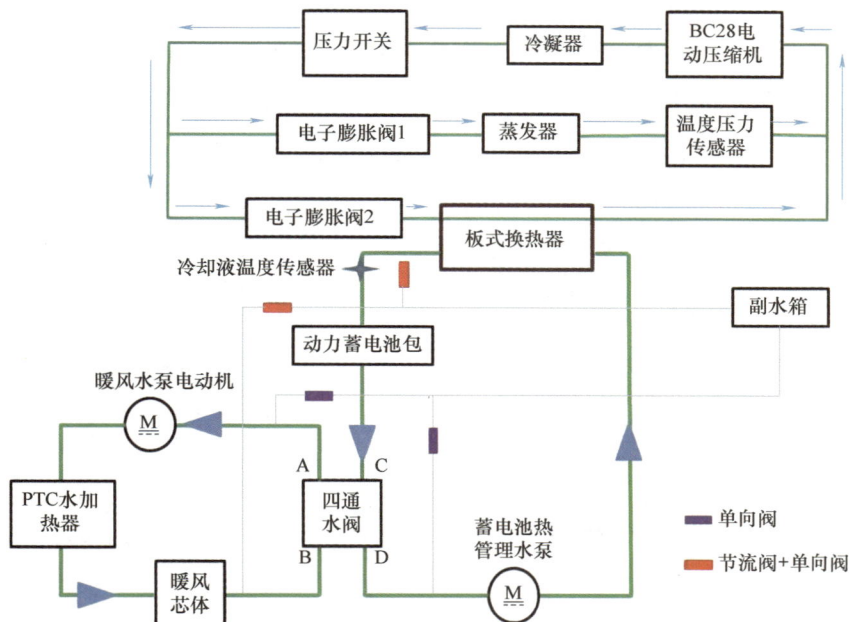

图 2-1-6 直冷式散热系统循环图

❓ 引导问题 3：请查阅相关资料，说说你所了解的新能源汽车动力蓄电池加热系统的主要组成部件。

_____

_____

💡 知识点提示

动力蓄电池加热系统

由于汽车地域适用性较为广泛，在寒冷地区要使电动汽车能正常使用，必须对动力蓄电池加入额外的加热系统，以满足要求。

以比亚迪秦 EV 为例，动力蓄电池加热系统主要由 PTC 水加热器、暖风水泵、暖风芯体、鼓风机、空调控制器（21 款比亚迪秦 EV 空调控制器集成在车身控制器上）和空调供暖管路等组件组成，如图 2-1-7 所示。

如图 2-1-8 所示，当打开空调的加热状态时，空调控制器（集成式

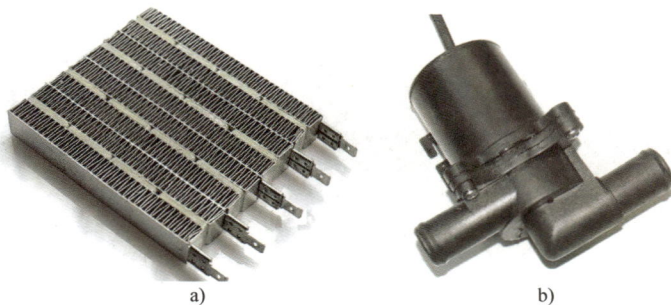

图 2-1-7 比亚迪秦 EV 汽车加热系统的组件
a）水加热器 PTC b）暖风水泵

车身控制器）通过控制 PTC 水加热器、暖风水泵、暖风芯体、鼓风机、空调控制器和空调供暖管路等组件组合成的系统，调节冷、暖风门来实现空调的供暖。蓄电池加热只发生在新能源汽车充电阶段，当动力蓄电池的温度低于 5℃时，空调控制器会控制 PTC 加热冷却液，然后通过水泵、板式换热器给动力蓄电池加热，当动力蓄电池的温度高于 10℃时，停止 PTC 的加热功能。此时，四通阀的管路 AC 端和 BD 端通，AB 端和 CD 端不通。

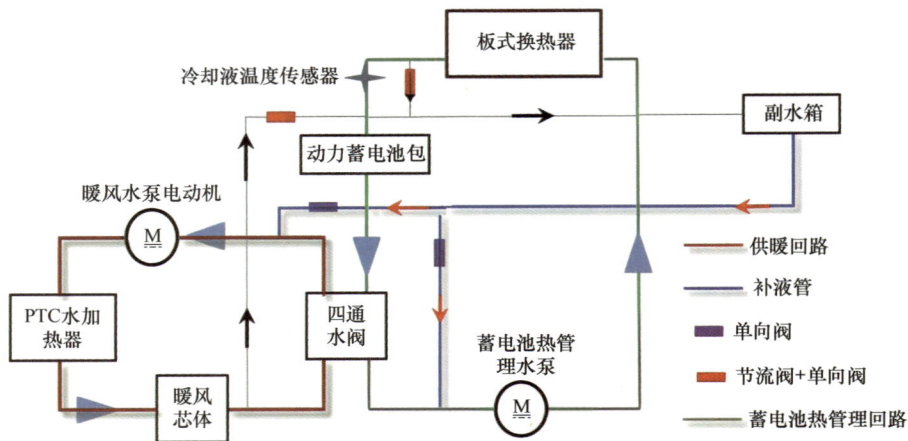

图 2-1-8　加热工作原理图

进行决策

1）各组派代表阐述资料查询结果。

2）各组就各自的查询结果进行交流并分享技巧。

3）教师结合各组完成的情况进行点评并选出最佳方案。

任务实施

安全要求及注意事项见表 2-1-2，设备及工具清点表见表 2-1-3。

表 2-1-2　安全要求及注意事项

安全要求及注意事项
1）实训开始前，提前准备好需要使用的个人防护用品，并检查是否符合使用标准。 2）实训开始前，提前做好场地防护，设置警告标识，在操作位置布置好绝缘防护措施。 3）检查实训场地和设备设施是否清洁及存在安全隐患，配电箱、插座是否符合用电需求，如不正常应汇报老师并进行处理。 4）记录车辆铭牌信息，做好检测结果记录。 5）实训结束后，必须清理场地和设备，撤除警示标识。

表 2-1-3　设备及工具清点表

名称	数量	清点
数字万用表	1个	□清点
比亚迪秦 EV 整车	1辆	□清点
绝缘手套	1副	□清点
耐磨手套	1副	□清点
万用接线盒	1个	□清点

动力蓄电池热管理系统四通电磁阀检测

1. 检测过程

1）查询空调控制器电气原理图（图 2-1-9），使用万用表测量空调控制器的电源 IG4 的电压，电压为 13.7V，如图 2-1-10 所示，正常。

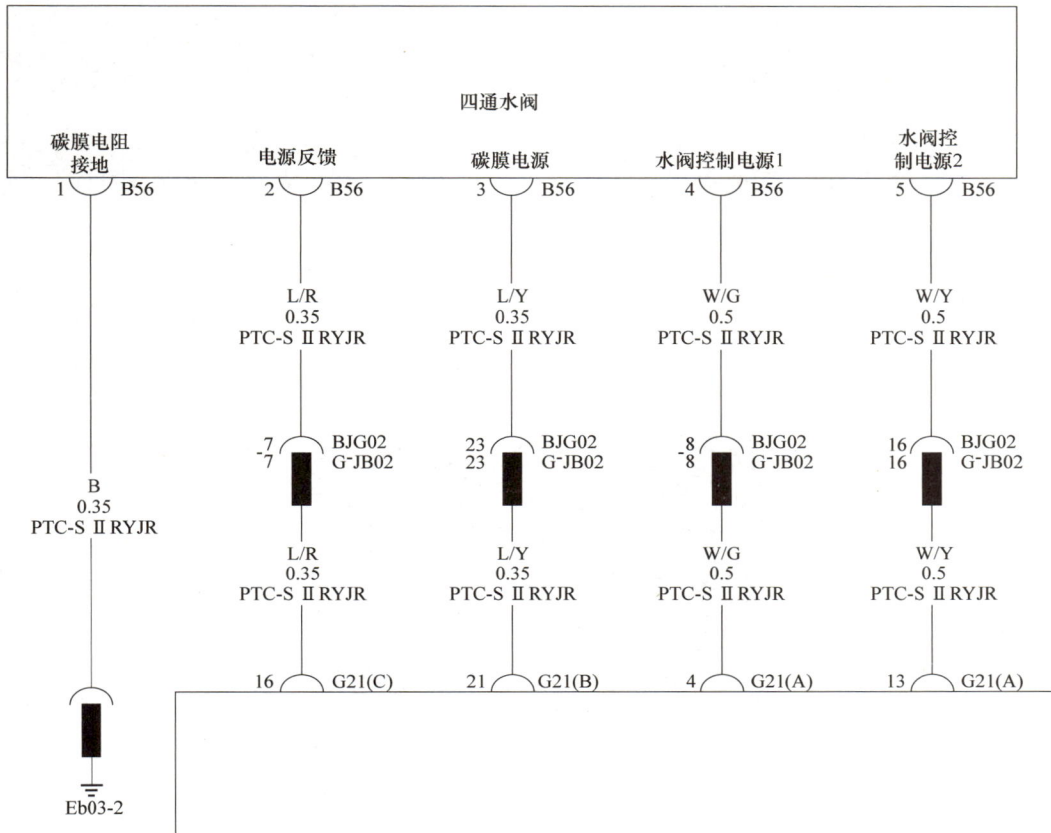

图 2-1-9　空调控制器电气原理图

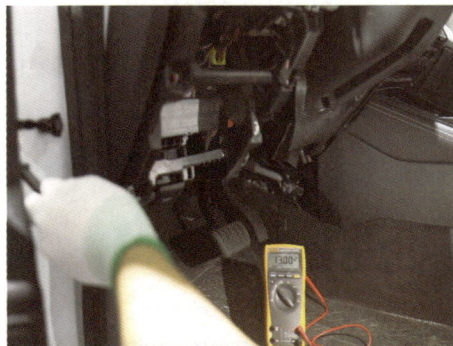

2）使用万用表测量四通阀电源 1 与 GND 之间的电压，电压为 13V，如图 2-1-11 所示，正常。

图 2-1-10　测量空调控制器的电源　　　　图 2-1-11　测量四通阀电源 1 与 GND 之间的电压

3）使用万用表测量四通阀电源 2 与 GND 之间的电压，电压为 13V，如图 2-1-12 所示，正常。

4）使用万用表测量四通阀的电压，电压为 13V，如图 2-1-13 所示，正常。

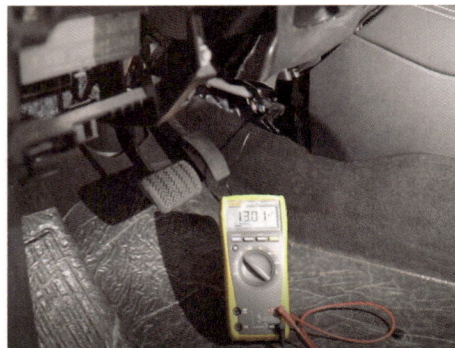

图 2-1-12　测量四通阀电源 2 与 GND 之间的电压　　　　　图 2-1-13　测量四通阀的电压

5）使用万用表测量碳膜电阻电源与碳膜电阻地之间的电压，电压为 4.922V，如图 2-1-14 所示，正常。

图 2-1-14　测量碳膜电阻电源与碳膜电阻地之间的电压

2. 现场 6S 管理

3. 实训拓展

动力蓄电池
热管理系统
四通电磁阀
检测

职业认证

　　2021 年，交通运输部职业资格中心组织编制了《新能源汽车检测维修专业能力评价标准》（以下简称《标准》）。《标准》中 5.3.1.2 新能源汽车动力蓄电池及管理系统检测与维修技术明确指出掌握动力蓄电池热管理的结构与工作原理，以及动力蓄电池检修。扫描二维码，学习动力蓄电池热管理系统四通电磁阀的检测。

评价反馈

1）各组代表展示汇报 PPT，介绍任务的完成过程。

2）以小组为单位，对各组的操作过程与操作结果进行自评和互评，并将结果填入表 2-1-4 中。

表 2-1-4　学生评价表

| 姓名 | | 学号 | | | 班级 | | | 组别 | | |

实 训 任 务														
评 价 项 目	分值	等　　级				评价对象（组别）							
		A	B	C	D	1	2	3	4	5	6	7	8
方案合理	20	20	15	10	5								
团队合作	20	20	15	10	5								
工作质量	20	20	15	10	5								
工作规范	20	20	15	10	5								
汇报展示	20	20	15	10	5								
合计	100	各组得分											
总结与反思														

（如：学习过程中遇到什么问题→如何解决的 / 解决不了的原因→心得体会）

>> 教师对学生工作过程与工作结果进行评价，并将评价结果填入表 2-1-5 中。

表 2-1-5　教师对学生评价表

姓名			学号		班级		组别	
实训任务								
评价项目			评价标准				分值	得分
考勤（10%）			无故意迟到、早退和旷课的现象				10	
工作过程（60%）	知识目标	获取信息	掌握工作相关知识				10	
		进行决策	制订工作方案，方案合理可行				10	
	技能目标	任务实施	会用万用表检测四通阀接地电压，并判断检测结果				10	
			会识别四通阀电路图				10	
	素养目标	工作态度	认真严谨、积极主动、安全生产、文明施工				5	
		团队合作	与小组成员、同学之间能合作交流、协调工作				5	
		工作质量	能按照工作方案操作，按计划完成工作任务				10	
项目成果（30%）	工作完整		能按时完成工作任务的所有环节				10	
	工作规范		能在整个操作过程中规范操作，避免意外事故的发生				10	
	汇报展示		能准确表达、汇报工作成果				10	
合计							100	
综合评价		学生评价（50%）		教师评价（50%）			综合得分	
综合评语		（作业过程中存在的问题及改进建议）						

任务二 动力蓄电池热管理系统检修

🎯 任务目标

知识目标

1. 掌握水泵的工作原理。
2. 掌握冷却风扇的工作原理。
3. 掌握动力蓄电池热管理系统的典型故障。

技能目标

能独立完成动力蓄电池热管理系统的水泵检测。

素养目标

1. 认真严谨、积极主动、安全生产、文明施工。
2. 与小组成员、同学之间能合作交流、协调工作。
3. 获得分析问题和解决问题的基本方法。
4. 积极主动与小组成员交流、讨论学习成果，取长补短，完成自我提升。

✈ 任务框图

🥄 任务导入

当寒冷的冬季来临时，使用纯电动汽车之前，要重点检查动力蓄电池的电量，特别要进行动力蓄电池热管理系统的检查。打开起动开关，仪表"OK"灯不亮，仪表显示"请检查动力系统"，同时动力蓄电池温度高报警指示灯亮，冷却风扇不转动，作为维修技师，遇到此类故障应该如何处理呢？

👥 任务分组

学生任务分配表见表 2-2-1。

表 2-2-1　学生任务分配表

班　级		组　号		指导教师	
组　长		学　号			
组　员	姓名：_____　　学号：_____			姓名：_____　　学号：_____	
	姓名：_____　　学号：_____			姓名：_____　　学号：_____	
	姓名：_____　　学号：_____			姓名：_____　　学号：_____	
	姓名：_____　　学号：_____			姓名：_____　　学号：_____	
任务分工					

（就组织讨论、工具准备、数据采集、数据记录、安全监督、成果展示等工作内容进行任务分工）

获取信息

引导问题 1：请查阅相关资料，说说新能源汽车的动力蓄电池热管理系统水泵的工作过程。

_____

_____

知识点提示

水泵的概述

　　动力蓄电池热管理系统的水泵是由冷却泵、涡轮、电动机和壳体等组成的。水泵是冷却液循环的动力元件，如图 2-2-1 所示，水泵的作用是泵出动力蓄电池包中的冷却液，对冷却系统的冷却液加压，促使冷却液在冷却系统中循环，带走动力蓄电池系统散发的热量，给动力蓄电池降温。

　　新能源汽车动力蓄电池系统在放电或充电的过程中，动力蓄电池冷却水泵一直会工作。比亚迪秦 EV 车型的动力蓄电池冷却水泵通过 PWM（脉冲宽度调制）

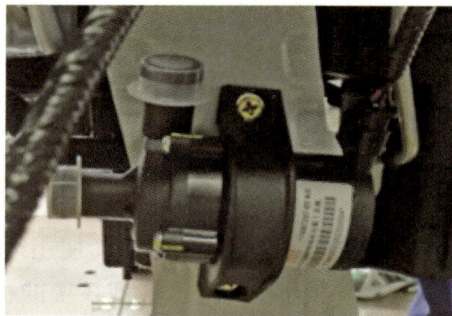

图 2-2-1　冷却水泵

信号传递到空调控制器，由空调控制器来控制水泵的转速，满足动力蓄电池的散热要求。

　　如图 2-2-2 所示，动力蓄电池膨胀水箱内、散热器内、水泵内均充满冷却液，叶轮被驱动旋转，冷却液被叶轮带动一起旋转，在离心力的作用下，冷却液甩向叶轮边缘，从排水口甩出进入动力蓄电池进水管，与此同时，叶轮中心产生真空度，冷却液从水泵进口被吸入泵壳内，叶轮不停旋转，冷却液就不断地循环。当水泵不转时，动力蓄电池系统或驱动电机及控制系统会出现过热故障，车辆会限功率行驶或停机。

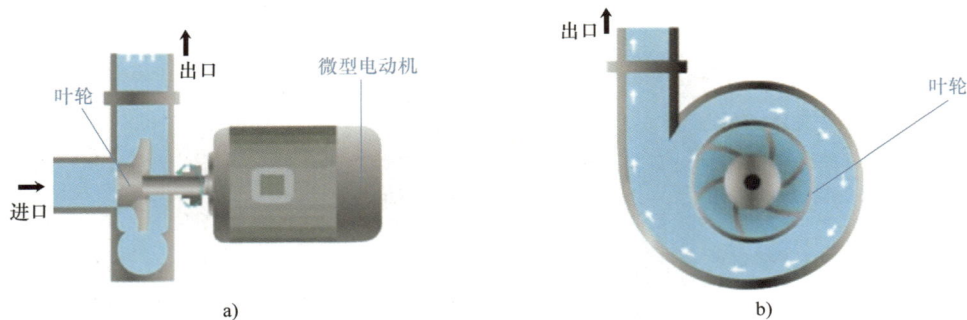

图 2-2-2　冷却水泵的工作原理图
a）侧视图　b）正视图

冷却水泵分为封闭式、半封闭式和全开式三类，其内部拆解结构如图 2-2-3 所示。

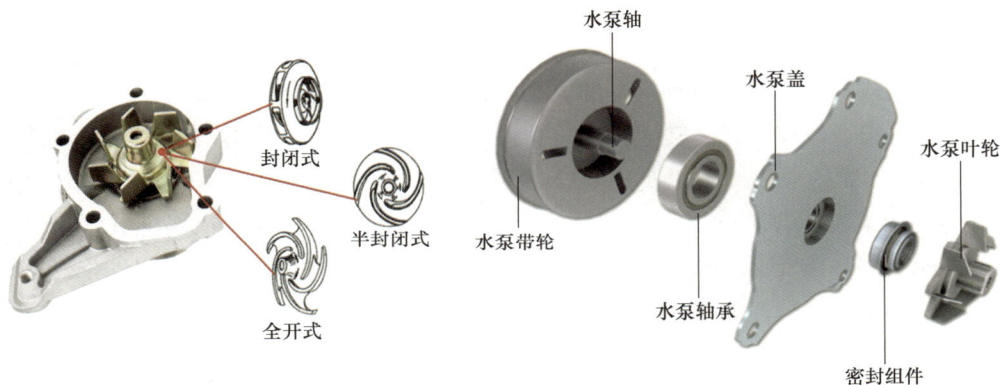

图 2-2-3　水泵内部结构（左为整体结构，右为拆解结构）

> ❓ 引导问题 2：请查阅相关资料，说说新能源汽车冷却风扇开启的两个关键因素是什么。
>
> _____
>
> _____

💡 知识点提示

冷却风扇的概述

1. 冷却风扇的工作原理

冷却风扇受整车控制器（VCU）控制。当冷却液温度高于 45℃时，VCU 会接收到温度信号，此时冷却风扇开始工作，VCU 控制 PWM 技术模块使冷却风扇以在 20%~90% 的占空比范围内的 8 个档位的速度工作。冷却风扇的开启取决于电动空调压缩机（EAC）和电机控制器（MCU）冷却液温度这两个重要因素。

如图 2-2-4 所示，当电动空调压缩机开启或电机控制器冷却液温度高于 45℃时，冷却风扇开始工作。冷却风扇停止工作条件：电机控制器冷却液温度低于 65℃（实测 47℃），电动空调压缩机关闭。起动开关关闭、电动空调压缩机关闭时，若电机控制器冷却液温度高于65℃，则冷却风扇继续工作：环境温度低于10℃时工作30s；环境温度高于10℃时工作60s。

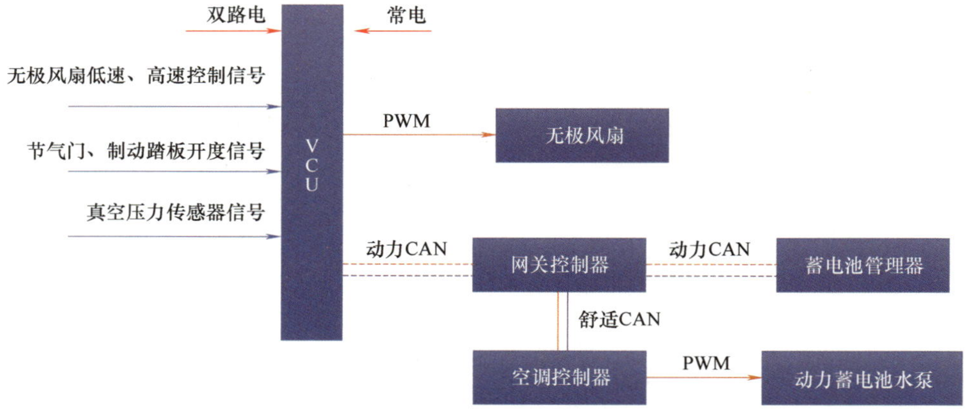

图 2-2-4　冷却风扇的工作原理图

2. 冷却风扇的参数

根据控制方式的不同，纯电动汽车的驱动电机电子冷却风扇有智能温控风扇和非温控风扇之分。非温控风扇通电即工作，转速固定。智能温控风扇以单片机的电子控制技术为核心，可以接收并转换 PWM 信号，并可以实现 CAN 总线控制。有的智能温控风扇需要外接 ECU 控制器，风扇的控制策略程序写在其单片机上，ECU 和风扇对应，不能与市场上其他品牌风扇通用。有的智能温控风扇把控制程序写在风扇电机上，无须 ECU 控制器，通用性强。这两种风扇都有无刷和有刷的区别，建议选用直流无刷电子冷却风扇，它是无须 ECU 的电子冷却风扇。

在纯电动汽车驱动电机冷却风扇选型时，要注意风扇的直径、转速、耐温、防护等级和换风方式等参数，见表 2-2-2。

表 2-2-2　冷却风扇的参数

序号	参数	内容
1	直径	风扇的直径越大，风量越大，但不是越大越好。这里电子冷却风扇需要和散热器匹配，满足纯电动汽车驱动电机散热需求即可。直径越大，噪声越大
2	转速	大部分电子冷却风扇的转速都差不多
3	耐温	在冷却风扇的耐温方面，电子风扇耐温高，性能越好，安全性就越高，反之则低
4	防护等级	考虑到电子风扇防尘、防水需求，防护等级一定要高，最好达到 IP68，也就是防尘、防水等级标准的最高级别
5	换风方式	电子风扇的换风方式是指吸风和吹风。大部分电子冷却风扇都有吸风和吹风的区别，需要根据冷却系统整体安装位置决定。不过，现在有一种直流无刷电子冷却风扇，可以实现正反转，只需调整内置控制程序即可切换

❓ 引导问题3：请查阅相关资料，说说新能源汽车动力蓄电池热管理系统出现故障时，主要检查哪些部件。

_____

_____

💡 知识点提示

动力蓄电池热管理系统故障码

表 2-2-3 所示为比亚迪秦 EV 的动力蓄电池热管理系统故障码。

表 2-2-3　比亚迪秦 EV 的动力蓄电池热管理系统故障码

故障码	故障原因	部件
B2AOD13	动力蓄电池进口冷却液温度传感器断路	动力蓄电池进口冷却液温度传感器线束
B2AOE12	动力蓄电池进口冷却液温度传感器短路	动力蓄电池进口冷却液温度传感器线束
B2AOF13	板式换热器端制冷剂温度传感器断路	板式换热器端制冷剂温度传感器线束
B2A1012	板式换热器端制冷剂温度传感器短路	板式换热器端制冷剂温度传感器线束
B241113	板式换热器端制冷剂压力传感器断路	板式换热器端制冷剂压力传感器线束
B2A1212	板式换热器端制冷剂压力传感器短路	板式换热器端制冷剂压力传感器线束
U012E87	空调控制器与电子风扇失去通信	电子风扇线束
B2A7914	暖风芯体四通水阀电动机对地短路或断路	暖风芯体四通水阀电动机线束
B2A7A12	暖风芯体四通水阀电动机对电源短路	暖风芯体四通水阀电动机线束
B2A7B92	暖风芯体四通水阀电动机转不到位	暖风芯体四通水阀电动机
B132816	动力蓄电池热管理系统电动水泵欠电压故障	电源电压动力蓄电池热管理系统电动水泵
B132817	动力蓄电池热管理系统电动水泵过电压故障	电源电压动力蓄电池热管理系统电动水泵
B132971	动力蓄电池热管理系统电动水泵堵转故障	动力蓄电池热管理系统电动水泵
B132A00	动力蓄电池热管理系统电动水泵空转故障	动力蓄电池热管理系统电动水泵线束
U014987	动力蓄电池热管理系统控制与动力蓄电池热管理系统电动水泵失去通信	动力蓄电池热管理系统电动水泵线束
B246700	电动压缩机多次启动失败（多次启动失败导致请求机械压缩机则报此故障）	电动压缩机线束
UO25487	与 PTC 失去通信	线束 PTC

👤 进行决策

1）各组派代表阐述资料查询结果。

2）各组就各自的查询结果进行交流并分享技巧。

3）教师结合各组完成的情况进行点评并选出最佳方案。

👥 任务实施

安全要求及注意事项见表 2-2-4，设备及工具清点表见表 2-2-5。

表 2-2-4　安全要求及注意事项

安全要求及注意事项	
1）实训开始前，提前准备好需要使用的个人防护用品，并检查是否符合使用标准。	3）检查实训场地和设备设施是否清洁及存在安全隐患，配电箱、插座是否符合用电需求，如不正常请汇报老师并进行处理。
2）实训开始前，提前做好场地防护，设置警告标识，在操作位置布置好绝缘防护措施。	4）记录车辆铭牌信息，并做好检测结果记录。
	5）实训结束后，必须清理场地和设备，撤除警示标识。

表 2-2-5　设备及工具清点表

名称	数量	清点
数字万用表	1 个	□清点
比亚迪秦 EV 整车	1 辆	□清点
绝缘手套	1 副	□清点
耐磨手套	1 副	□清点
万用接线盒	1 个	□清点
故障诊断仪	1 个	□清点

动力蓄电池热管理系统水泵检测

1. 水泵检测

1）仪表显示动力蓄电池温度高故障指示灯亮，如图 2-2-5 所示。

图 2-2-5　动力蓄电池温度高故障指示灯亮

2）查看散热风扇，散热风扇，高速运转，如图 2-2-6 所示。

3）连接故障诊断仪，查看动力蓄电池温度数据流，最低温度为 37℃，最高温度为 39℃，如图 2-2-7 所示。

图 2-2-6　散热风扇高速运转

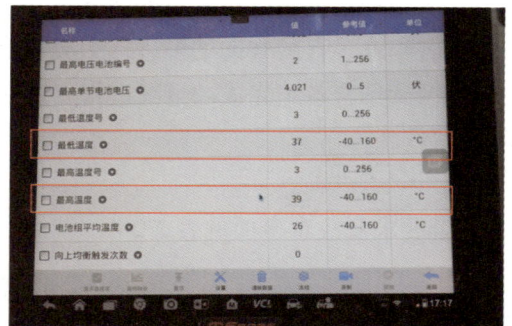

图 2-2-7　查看动力蓄电池温度数据流

4）查看电动水泵电气原理图（图 2-2-8），使用万用表测量 B66 端子 1 与端子 3 之间的电压，电压为 12.01V，如图 2-2-9 所示，正常。

5）使用示波器测量 B66 端子 2 与 GND 的波形，波形是方波，如图 2-2-10 所示，正常。

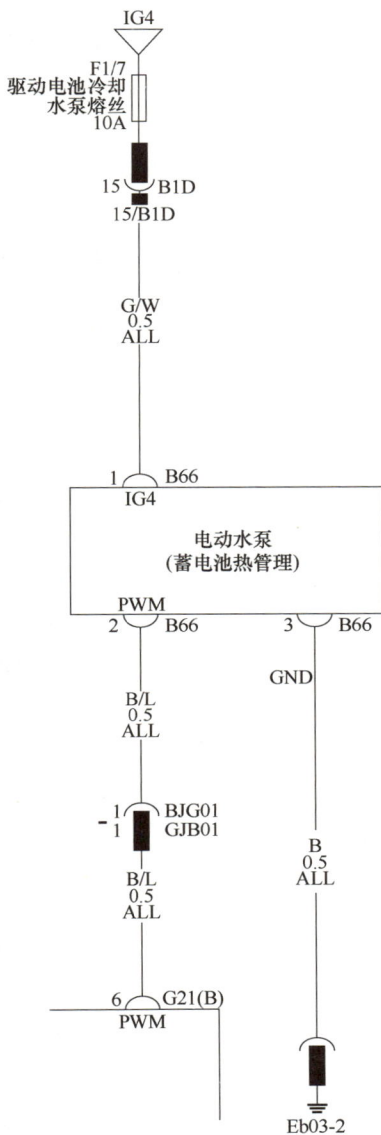

图 2-2-8　电动水泵电气原理图

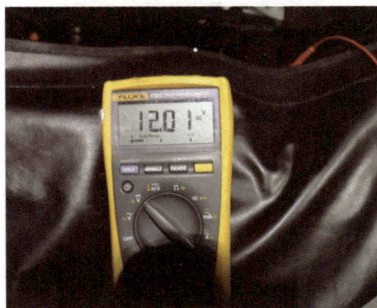

图 2-2-9　测量 B66 端子 1 与端子 3 之间的电压

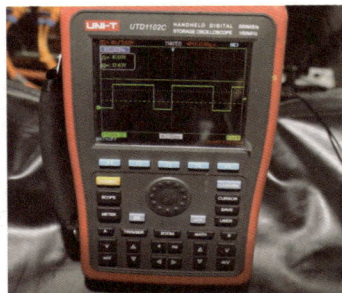

图 2-2-10　测量 B66 端子 2 与 GND 的波形

2. 现场 6S 整理

3. 实训拓展

| 实训指南 | 扫描二维码，观看冷却风扇低速档不运转的故障检修视频后，结合实训操作指导，小组合作完成实训练习。 |

冷却风扇低速档不运转的故障维修

评价反馈

1）各组代表展示汇报 PPT，介绍任务的完成过程。

2）以小组为单位，对各组的操作过程与操作结果进行自评和互评，并将结果填入表 2-2-6 中。

表 2-2-6　学生评价表

姓名			学号				班级				组别		
实训任务													
评价项目	分值	等级				评价对象（组别）							
		A	B	C	D	1	2	3	4	5	6	7	8
方案合理	20	20	15	10	5								
团队合作	20	20	15	10	5								
工作质量	20	20	15	10	5								
工作规范	20	20	15	10	5								
汇报展示	20	20	15	10	5								
合计	100	各组得分											
总结与反思													

（如：学习过程中遇到什么问题→如何解决的 / 解决不了的原因→心得体会）

笔记栏

> 教师对学生工作过程与工作结果进行评价，并将评价结果填入表 2-2-7 中。

表 2-2-7　教师对学生评价表

姓名			学号	班级		组别	
实训任务							
评价项目			评价标准			分值	得分
考勤（10%）			无故意迟到、早退和旷课的现象			10	
工作过程（60%）	知识目标	获取信息	掌握工作相关知识			10	
		进行决策	制订工作方案，方案合理可行			10	
	技能目标	任务实施	会用故障诊断仪读取故障码			5	
			能识别水泵和冷却风扇的电气图			5	
			能独立完成动力蓄电池热管理系统水泵检修			10	
	素养目标	工作态度	认真严谨、积极主动、安全生产、文明施工			5	
		团队合作	与小组成员、同学之间能合作交流、协调工作			5	
		工作质量	能按照工作方案操作，按计划完成工作任务			10	
项目成果（30%）		工作完整	能按时完成工作任务的所有环节			10	
		工作规范	能在整个操作过程中规范操作，避免意外事故的发生			10	
		汇报展示	能准确表达、汇报工作成果			10	
合计						100	
综合评价		学生评价（50%）		教师评价（50%）		综合得分	
综合评语		（作业过程中存在的问题及改进建议）					

任务三　蓄电池管理系统电路故障检修

🎯 任务目标

知识目标

1. 了解接触器在蓄电池管理系统中的功能和应用。
2. 掌握蓄电池子网通信故障的处理流程。

技能目标

1. 能正确使用故障诊断仪读取动力蓄电池数据流并分析判断产生异常数据流的原因。
2. 能独立完成蓄电池管理系统（BMS）接触器故障排查。

素养目标

1. 认真严谨、积极主动、安全生产、文明施工。
2. 与小组成员、同学之间能合作交流、协调工作。
3. 获得分析问题和解决问题的基本方法。
4. 积极主动与小组成员交流、讨论学习成果，取长补短，完成自我提升。

✈ 任务框图

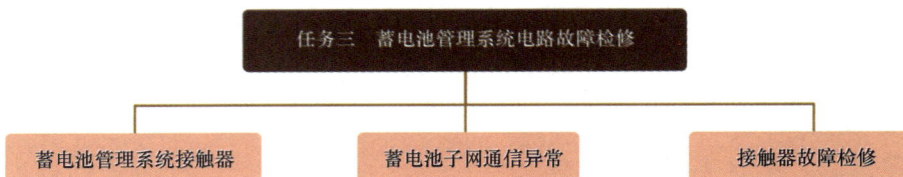

📖 任务导入

比亚迪秦 EV 车辆经过一段涉水路段测试后，车辆仪表显示"EV 功能受限"，"OK"指示灯不亮。使用故障诊断仪扫描到接触器烧结故障，清除故障码后可以正常上电，下电后又出现同样的故障。你作为一名维修技术人员，该如何处理接触器故障呢？

👥 任务分组

学生任务分配表见表 2-3-1。

表 2-3-1 学生任务分配表

班 级		组 号		指导教师	
组 长		学 号			
组 员	姓名：_____ 学号：_____ 姓名：_____ 学号：_____ 姓名：_____ 学号：_____ 姓名：_____ 学号：_____		姓名：_____ 学号：_____ 姓名：_____ 学号：_____ 姓名：_____ 学号：_____ 姓名：_____ 学号：_____		
任 务 分 工					

（就组织讨论、工具准备、数据采集、数据记录、安全监督、成果展示等工作内容进行任务分工）

获取信息

❓ 引导问题 1：请查阅相关资料，说说新能源汽车领域的接触器主要应用在哪些部件中。
_____

知识点提示

蓄电池管理系统接触器

1. 接触器的定义

接触器是利用小电流电路控制大电流电路或远距离电路吸合或断开接触点，来控制负载的交、直流主电路或大容量控制电路的自动化切换电器。在新能源汽车领域，接触器主要应用于驱动电机、动力蓄电池和配电系统中。接触器根据使用场景的不同可分为交流接触器和直流接触器两种类型。交流接触器主要运用在交流充电桩内部电路，直流接触器主要运用在动力蓄电池的正、负极和配电系统中。交流接触器如图 2-3-1 所示，直流接触器如图 2-3-2 所示。

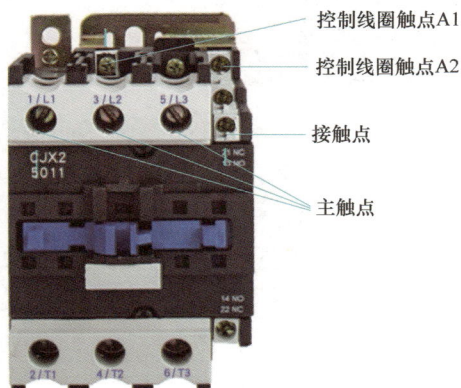

图 2-3-1 交流接触器

图 2-3-2 直流接触器

2. 接触器的工作原理

接触器主要由电磁机构、触头系统和灭弧装置组成，如图 2-3-3 所示。其中，电磁机构是"感测"元件，当它感测到一定的"电信号"时，就会带动触头闭合或断开，它主要由线圈、铁心和衔铁组成。

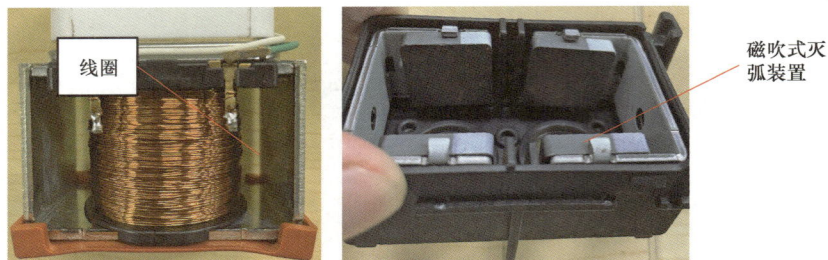

线圈

磁吹式灭弧装置

图 2-3-3　接触器的内部结构

当接触线圈接通 12V 或 24V 电源后，线圈电流产生磁场，使静铁心产生电磁吸力吸引动铁心，并带动触头（图 2-3-4）动作，常闭触点断开，常开触点吸合。当接触线圈断开 12V 或 24V 的电源时，电磁吸力消失，衔铁在释放弹簧的作用下释放，使触头复原：常开触点断开，常闭触点闭合，断开电源。磁吹式灭弧装置将触头周边的电弧扑灭，保证在接通或断开的瞬间触头不被电弧烧结。

3. 接触器在电路中的作用

电路中使用接触器的目的是利用小电流来控制大电流。电流容量大的电路中使用接触器，如动力蓄电池的正负极、预充电路、电机控制电路等；电流容量小的电路中使用继电器，如汽车的照明系统、刮水器系统等。

4. 比亚迪秦 EV 动力蓄电池包中接触器的安装位置

图 2-3-5 所示为比亚迪秦 EV 动力蓄电池包中接触器的安装位置。

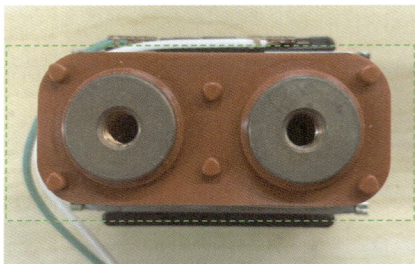

图 2-3-4　接触器触头

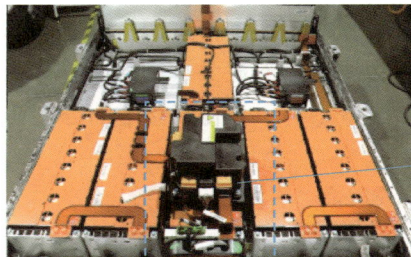

动力蓄电池接触器的安装位置

图 2-3-5　比亚迪秦 EV 动力蓄电池包中接触器的安装位置

❓ 引导问题 2：请查阅相关资料，说说当遇到蓄电池子网 CAN-H 通信异常时，应如何处理该故障。

_____

_____

知识点提示

蓄电池子网通信异常

蓄电池子网通信异常的故障现象、处理步骤及方式如下：

（1）故障描述　动力蓄电池组通信异常可分为动力蓄电池组内 CAN 数据异常（BIC 之间的蓄电池子网）及动力蓄电池组外 CAN（动力 CAN）数据异常两种故障。当出现上述任意故障时，蓄电池管理器均会做出相应控制策略，以保护动力蓄电池组正常、安全地运行。

（2）故障分析处理　使用故障诊断仪或上位机软件查看动力蓄电池组数据流，确定动力蓄电池组通信异常是属于蓄电池子网通信异常还是动力 CAN 通信异常。

（3）蓄电池子网数据异常处理步骤

1）使用故障诊断仪或上位机软件查看动力蓄电池组数据流，无法查看当前动力蓄电池组的实际数据。

2）保证蓄电池子网内部线束连接完好，同时检查蓄电池管理器输出给 BIC 的 12V 电源是否正常，BIC 之间终端电阻值是否正常，线束的首、末两端是否各有一个 120Ω 电阻。

3）确认蓄电池子网线束及终端电阻正常后，查看动力蓄电池组内网数据。若数据出现间断性恢复，一般可判断为电磁干扰问题。

（4）处理方式

1）电磁干扰问题的一般处理方式有增加磁环、滤波电容或优化低压通信线束等。

2）动力蓄电池动力 CAN 通信异常处理步骤：使用故障诊断仪或上位机软件查看动力蓄电池组数据流，无法进入该模块；检查蓄电池管理器的电源、通信线束是否完好，同时检查蓄电池管理器与网关控制器端的线束首、末端是否各有一个 120Ω 电阻。

进行决策

1）各组派代表阐述资料查询结果。

2）各组就各自的查询结果进行交流并分享技巧。

3）教师结合各组完成的情况进行点评并选出最佳方案。

任务实施

安全要求及注意事项见表 2-3-2，设备及工具清点表见表 2-3-3。

表 2-3-2　安全要求及注意事项

安全要求及注意事项
1）实训开始前，提前准备好需要使用的个人防护用品，并检查是否符合使用标准。
2）实训开始前，提前做好场地防护，设置警告标识，在操作位置布置好绝缘防护措施。
3）检查实训场地和设备设施是否清洁及存在安全隐患，配电箱、插座是否符合用电需求，如不正常请汇报老师并进行处理。
4）记录车辆铭牌信息，并做好检测结果记录。
5）实训结束后，必须清理场地和设备，撤除警示标识。

表 2-3-3　设备及工具清点表

名称	数量	清点
数字万用表	1 个	□清点
比亚迪秦 EV 整车	1 辆	□清点
绝缘手套	1 副	□清点
耐磨手套	1 副	□清点
万用接线盒	1 个	□清点
汽车故障诊断仪	1 个	□清点
熔断器插片	1 个	□清点

接触器故障检修

1. 故障现象

一辆比亚迪秦 EV，按下起动开关，起动车辆，车辆无法上高压电，仪表"OK"指示灯不亮，提醒"EV 功能受限"。

2. 故障排查

1）连接故障诊断仪扫描故障，读取故障码。

2）确认车辆的故障是动力蓄电池正、负极接触器烧结导致车辆无法上电。将车辆下电，断开蓄电池负极连接，等待 3~5min。

3）断开动力蓄电池的低压接插件，戴好绝缘防护手套拆下动力蓄电池的高压母线。将低压接插件和高压母线做防护处理，避免异物进入导致损坏。

4）断开动力蓄电池的进、出水管（注意做好 6S 管理）。

5）将动力蓄电池举升平台推入车底，将举升平台升至动力蓄电池底部。拆卸动力蓄电池固定螺栓，将动力蓄电池落在举升平台上。

6）使用手电钻、美工刀等工具将动力蓄电池盖打开。用铲刀将动力蓄电池托盘周围的玻璃胶清理干净。

7）打开动力蓄电池的配电箱保护盖板，找到动力蓄电池的正、负极接触器。

8）戴好绝缘防护手套，使用绝缘工具拆卸配电箱内的固定螺栓。注意：务必确认绝缘防护手套的性能，否则会有触电的危险。断开的铜排必须使用绝缘胶布包裹好。

9）依次拆下接触器上端的连接铜排以及正、负极接触器。

10）使用万用表检查正、负极接触器是否有故障。断电后接触器两个触头之间的电压值为无穷大，因此需更换。

11）更换完接触器后，给动力蓄电池托盘打胶，用铆钉枪将动力蓄电池保护盖板铆上铆钉。

12）依次安装动力蓄电池、动力蓄电池高压母线、低压接插件，加注动力蓄电池冷却液。

3. 故障排除

给车辆上电，故障排除。待车辆上电运行约 5min，查看动力蓄电池冷却液水壶，将冷却液加注至 min 线与 max 线之间，用故障诊断仪清除历史故障码。

4. 6S 现场整理

5. 实训拓展

竞赛指南

2022年全国职业院校技能大赛新能源汽车检测与维修竞赛规则中明确要求：重点考核选手仪器设备的规范使用、高压安全防护、蓄电池单体及蓄电池管理系统缺陷查找与修复的能力，能对蓄电池单体、接触器、传感器、控制模块（含主控制器、采集器等）、采样线束（电压、温度、电流采集）、高低压插接器、高低压线束、维修开关、车载充电机、交直流充电接口等进行检测分析，对动力蓄电池电压、静态内阻、绝缘电阻、接地电阻等参数进行检测，按要求对故障部位进行修复，并恢复蓄电池管理系统参数，完成动力蓄电池功能恢复并进行充放电测试。

扫描二维码，学习蓄电池管理系统参数检查与充放电测试。

蓄电池管理系统参数检查与充放电测试

评价反馈

1）各组代表展示汇报PPT，介绍任务的完成过程。

2）以小组为单位，对各组的操作过程与操作结果进行自评和互评，并将结果填入表2-3-4中。

表2-3-4 学生评价表

姓名		学号			班级			组别		
实训任务										
评价项目	分值	等 级				评价对象（组别）							
		A	B	C	D	1	2	3	4	5	6	7	8
方案合理	20	20	15	10	5								
团队合作	20	20	15	10	5								
工作质量	20	20	15	10	5								
工作规范	20	20	15	10	5								
汇报展示	20	20	15	10	5								
合计	100	各组得分											
总结与反思													

（如：学习过程中遇到什么问题→如何解决的/解决不了的原因→心得体会）

≫教师对学生工作过程与工作结果进行评价，并将评价结果填入表 2-3-5 中。

表 2-3-5　教师对学生评价表

姓名			学号		班级		组别	
	实训任务							
	评价项目		评价标准				分值	得分
考勤（10%）			无故意迟到、早退和旷课的现象				10	
工作过程（60%）	知识目标	获取信息	掌握工作相关知识				10	
		进行决策	制订工作方案，方案合理可行				10	
	技能目标	任务实施	能够识别比亚迪秦 EV 动力蓄电池接触器安装位置				5	
			能够安全规范地拆卸动力蓄电池				5	
			能够安全规范地安装动力蓄电池				5	
			能够完成动力蓄电池接触器故障的检修				5	
	素养目标	工作态度	认真严谨、积极主动、安全生产、文明施工				5	
		团队合作	与小组成员、同学之间能合作交流、协调工作				5	
		工作质量	能按照工作方案操作，按计划完成工作任务				10	
项目成果（30%）		工作完整	能按时完成工作任务的所有环节				10	
		工作规范	能在整个操作过程中规范操作，避免意外事故的发生				10	
		汇报展示	能准确表达、汇报工作成果				10	
		合计					100	
综合评价		学生评价（50%）		教师评价（50%）		综合得分		
		（作业过程中存在的问题及改进建议）						
综合评语								

情智课堂

动力蓄电池大规模退役在即，回收体系亟待规范

据中国汽车技术研究中心预测，到 2025 年，全国累计报废动力蓄电池将达到 35 万 t，市场规模将达百亿级。退役动力蓄电池回收主要有梯次利用和回收提取原材料两大方向。前者是将退役动力蓄电池拆解重组后，应用到储能等对蓄电池能量密度要求不高的领域；后者是提取报废动力蓄电池中的钴、镍等价格昂贵的金属材料。动力蓄电池大规模退役在即，健康高效的回收利用体系建设迫在眉睫。

近年来，为大力支持动力蓄电池回收产业的发展，我国出台了一系列支持政策：2018 年，工业和信息化部等部门颁布《新能源汽车动力蓄电池回收利用管理暂行办法》；同一年，工业和信息化部、科技部、环境保护部、交通运输部、商务部等颁布《新能源汽车动力蓄电池回收利用试点实施方案》；2020 年，工业和信息化部节能与综合利用司颁布《新能源汽车动力蓄电池梯次利用管理办法》；2021 年，国务院公布《"十四五"循环经济发展规划》和《2030 年前碳达峰行动方案》；2022 年 1 月，工业和信息化部等八个部门公布《关于加快推动工业资源综合利用的实施方案》。在政策和市场前景的双重驱动下，大量企业涌入蓄电池回收行业。

除了政策支持外，动力蓄电池回收技术的推广与兴起，也能为动力蓄电池回收时长规范化带来"曙光"。如"车电分离"换电模式的兴起和推广，回收效率更高也相对成熟的湿法回收工艺成为主流技术。从目前来看，相关企业还需要依靠自身回收渠道，但随着行业的逐步成熟，技术和工艺领先的企业将脱颖而出。同时随着政府政策的不断出台，相信未来行业将会进一步得到规范。

项目三
驱动电机及控制系统的故障诊断与排除

任务一　驱动电机冷却系统的故障诊断与排除

🎯 任务目标

知识目标

1. 了解驱动电机冷却系统的分类。
2. 掌握驱动电机冷却系统的结构。
3. 了解驱动电机工作温度监测控制系统。

技能目标

1. 能正确进行驱动电机温度过高的检查。
2. 能正确完成驱动电机过热的故障诊断。
3. 能正确完成电机水泵的故障诊断。

素养目标

1. 认真严谨、积极主动、安全生产、文明施工。
2. 与小组成员、同学之间能合作交流、协调工作。
3. 获得分析问题和解决问题的基本方法。
4. 积极主动与小组成员交流、讨论学习成果，取长补短，完成自我提升。

🛠 任务框图

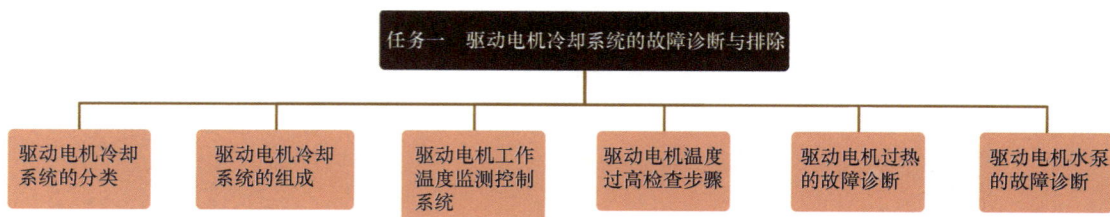

任务导入

　　王先生去年购置了一辆秦 EV 作为代步工具，现在起动车辆时发现仪表限功率指示灯亮，车辆可以挂档，但不能正常行驶。经 4S 店检查，发现为驱动电机温度系统故障。你会诊断这种限功率指示灯亮的故障吗？

任务分组

学生任务分配表见表 3-1-1。

表 3-1-1　学生任务分配表

班　级		组　号		指导教师	
组　长		学　号			
组　员	姓名：_____　学号：_____			姓名：_____　学号：_____	
	姓名：_____　学号：_____			姓名：_____　学号：_____	
	姓名：_____　学号：_____			姓名：_____　学号：_____	
	姓名：_____　学号：_____			姓名：_____　学号：_____	
任　务　分　工					

（就组织讨论、工具准备、数据采集、数据记录、安全监督、成果展示等工作内容进行任务分工）

获取信息

❓ **引导问题 1：** 请查阅相关资料，说说驱动电机冷却系统的作用。

_____

_____

知识点提示

驱动电机冷却系统的分类

　　驱动电机作为纯电动汽车的驱动装置，可实现极低排放或零排放。在电动汽车驱动与回收能量的工作过程中，驱动电机定子铁心和定子绕组在运动过程中都会产生损耗，这些损耗以热量的形式向外发散，需要有效的冷却介质及冷却方式来带走热量，保证驱动电机在稳定的冷热循环平衡的系统中安全可靠地运行。驱动电机、控制器等元件的温度直接影响着其使用性能和使用寿命。当驱动电机和控制器的温度突然升高或者超过其最高温度时，可能引发驱动电机的故障，而控制器对使用温度也有一定的要求，因此需要一种高效、可靠的热管理系统来提高驱动电机和控制器等元件的使用效率和使用寿命。驱动电机和控制器的热管理系统主要对其进行冷却，使其能够安全、可靠地运行。随着驱动电机功率和转矩的日益增大，对驱动电机和控制器热管理系统的要求随之不断提高。

目前，针对驱动电机与控制器的冷却方式，依据其介质不同可分为强制风冷和液冷两种。

1. 强制风冷

采用强制风冷的优点是其结构简单、不需要设计独立的冷却系统、维护方便、成本低，缺点是冷却效果较差。为保证足够的散热量需求，驱动电机与控制器需要增大与气流的接触面积，同时在控制器底部设计散热片，因此导致驱动电机和控制器体积和成本的增大。驱动电机和控制器在车辆上使用时对应的工况较为复杂，强制风冷无法在各个工况下保持所需的散热量，若散热不及时，车辆会出现限功率故障，因此仅在热负荷小的小型车的驱动电机或辅助电动机采用强制风冷。

2. 液冷

相比强制风冷，乙二醇型冷却液具有更高的比热，且可以根据需要主动调节系统温度，故而液冷具有更好的稳定性。对于新能源汽车的驱动电机和控制器等元件，采用液冷可以迅速带走热量，实现温度的快速降低，提高驱动电机和控制器的使用效率和使用寿命。现阶段新能源汽车驱动电机和控制器普遍使用液冷冷却，国内自主品牌车型主要采用冷却液作为介质。

日系车型的驱动电机能够采用 ATF（自动变速器油）作为冷却介质，与冷却液相比，油冷驱动电机的体积更小，前机舱布置较为紧凑，如雷克萨斯 RX450h 和三菱 PHEV 的前驱动电机和发电机等；其控制器采用冷却液冷却。

> ❓ 引导问题 2：请查阅相关资料，说说秦 EV 智能热管理系统的组成。
> _____

💡 知识点提示

驱动电机冷却系统的组成

以比亚迪秦 EV 整车冷却系统为例，为保障车辆在 –20~50℃之间实现正常、高效的充电、行驶，比亚迪秦 EV 采用智能冷却系统，该系统由前驱电动总成、充配电总成、动力蓄电池、驱动电机冷却水泵、动力蓄电池冷却水泵、膨胀阀、板式换热器、PTC 加热器、散热器、散热器风扇、VCU 模块和空调系统相关高、低压管路等部件组成，主要集中在发动机舱盖下方机舱内，如图 3-1-1 所示。其中，动力蓄电池散热系统采用制冷剂进行降温。动力蓄电池加热系统由 PTC 加热

图 3-1-1　比亚迪秦 EV 前机舱布局图

器进行加热。驱动电机和控制器散热系统由冷却风扇及散热器进行散热，如图 3-1-2 所示。

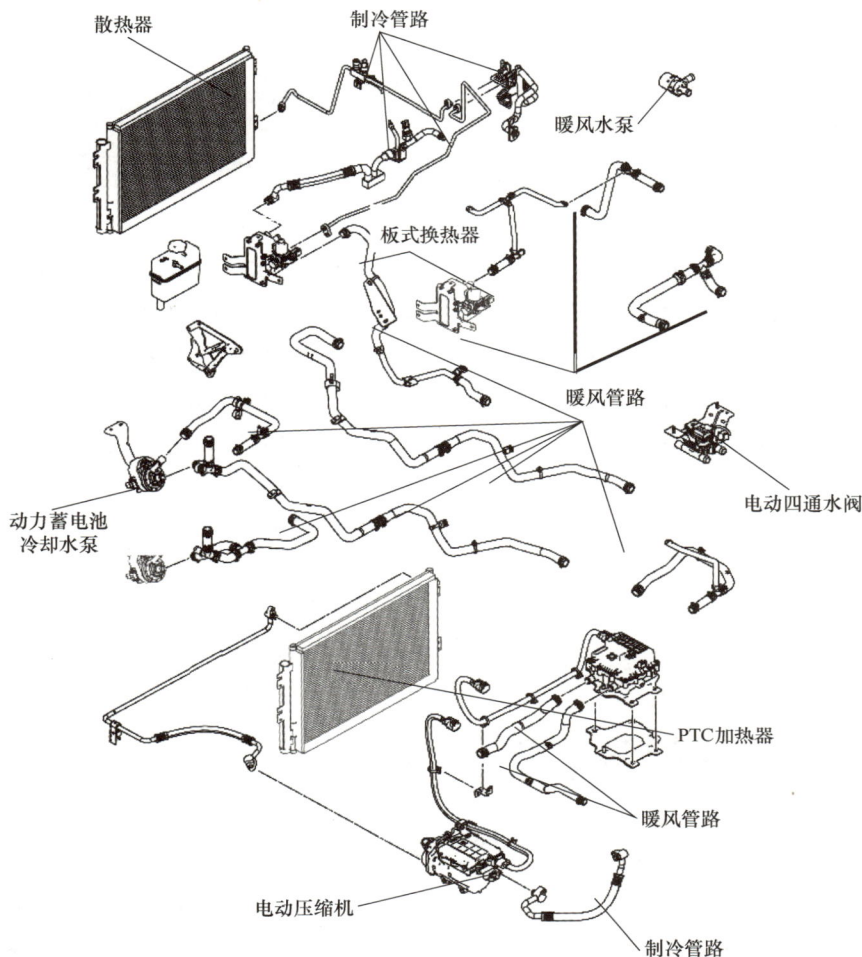

图 3-1-2　比亚迪秦 EV 冷却系统组成

1. 电动水泵

动力蓄电池和前驱电动总成、充配电总成有对应加热和冷却两个独立系统，因此温度控制效率高、效果好。冷却系统有两个电动水泵，其中驱动系统和充配电总成共用一个水泵，动力蓄电池单独使用一个水泵。冷却系统水泵由低压电路驱动，为冷却液的循环提供压力。在电动水泵的驱动下，冷却液在管路中循环流动，其流向如图 2-1-6 所示。

2. 冷却风扇

冷却风扇总成安装在机舱内散热器的后部，它可增加散热器和空调冷凝器的通风量，从而有助于加快车辆低速行驶时的冷却速度。冷却风扇采用单风扇设计，由 VCU 控制风扇高、低速运转。

注意：即使在车辆不运行时，前机舱内的冷却风扇也可能会启动而伤人，因此应随时保持手、衣服和工具远离前机舱内的散热风扇，以免误伤。如果冷却风扇叶片有任何程度的弯曲和损坏，不要修理或重复使用损坏的部件，必须更换弯曲或损坏的冷却风扇叶片。损坏的冷却风扇叶片不能保证正常的平衡且在连续使用中可能出现故障和飞脱。

3. 冷却液

冷却液由水、防冻剂和添加剂三部分组成，按防冻剂成分的不同一般可分为乙醇型、甘油型和乙二醇型三种。现在市面上应用比较多的是乙二醇型冷却液。乙二醇是一种无色微黏的液体，沸点是197.4℃，冰点是 –11.5℃，能与水以任意比例混合。混合后，由于改变了冷却液的蒸气压，冰点显著降低。其降低的程度在一定范围内随乙二醇的含量增大而下降。当乙二醇的含量为68%时，冰点可降低至 –68℃，超过这个极限时，冰点反而会上升。目前，常用的乙二醇型冷却液的物理性质如下：

1）常温性：冰点为 –25℃，适用于南方全年及北方夏季。

2）耐寒性：冰点为 –40℃，适用于北方冬季。严禁直接添加自来水作为冷却液。乙二醇型冷却液在使用中易生成酸性物质，对金属有腐蚀作用，因此应加入适量磷酸氢二钠等，以防腐蚀。乙二醇有毒，但由于其沸点高，不会产生蒸气被人吸入体内而引起中毒。乙二醇的吸水性强，储存的容器应密封，以防吸水后溢出。由于水的沸点比乙二醇低，使用中被蒸发的是水，当缺少冷却液时，只要加入净水就可以了。一般来说乙二醇是绿色的，丙二醇是红色略带橘色，丙三醇是蓝色的。比亚迪秦EV的冷却液是丙二醇型冷却液。

> ❓ 引导问题3：请查阅相关资料，说说驱动电机温度监测的工作原理。
> _____
> _____

💡 **知识点提示**

驱动电机工作温度监测控制系统

绕组温度传感器埋在驱动电机线圈（定子）里（图3-1-3），用以检测驱动电机线圈温度，防止驱动电机在工作的过程中温度上升过快导致过热。当温度传感器检测到绕组温度高于160℃时，驱动电机控制器通过动力CAN总线与网关控制器进行信息交互，仪表模块显示"请检查动力系统"，同时显示功率限制指示灯亮起。若电机绕组温度长时间超过160℃，永磁体会产生磁退现象，车辆表现为加速无力。温度传感器在不同的温度下对应的电阻值见表3-1-2。

图3-1-3 绕组温度传感器线束

表3-1-2 温度传感器在不同的温度下对应的电阻值

序号	温度	电阻值/kΩ
1	0℃	364.9
2	10℃	212.5
3	20℃	127.7
4	30℃	78.88
5	40℃	50.04

图 3-1-4 所示为比亚迪秦 EV 热管理系统的结构。

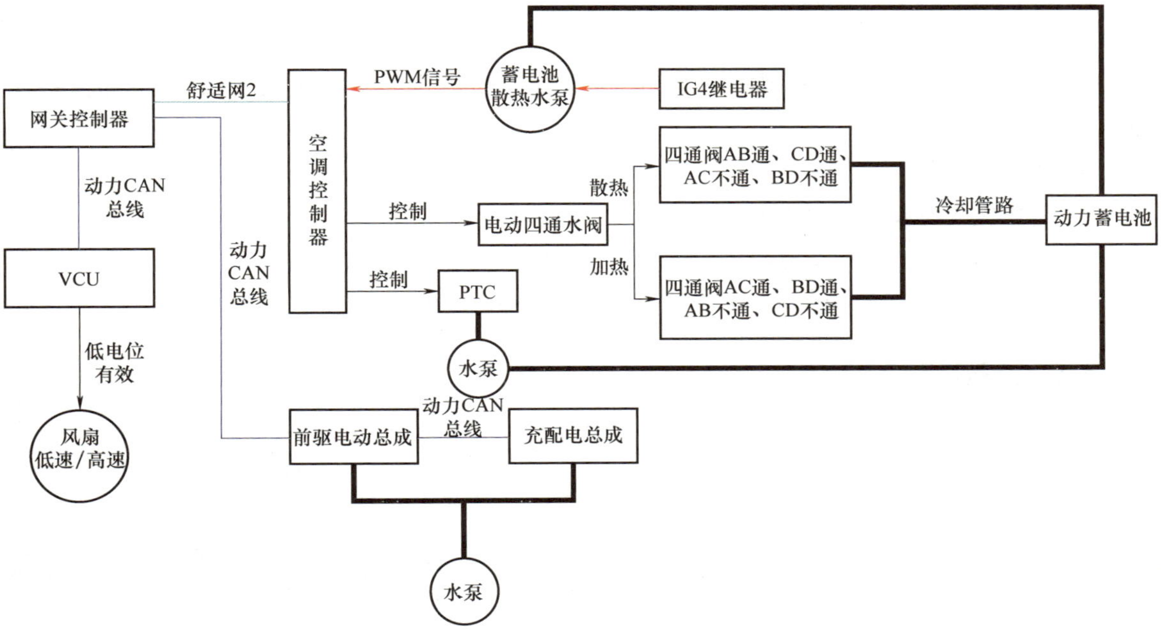

图 3-1-4　比亚迪秦 EV 热管理系统的结构

　　前驱电动总成的冷却系统主要依靠冷却水泵带动冷却液在冷却管道中循环流动，通过在散热器的热交换等物理过程，冷却液带走前驱电动总成、充配电总成以及动力蓄电池产生的热量。电机控制器通过驱动电机内部的温度传感器监测驱动电机三相绕组的温度，并通过动力CAN 网络传送给网关控制器。网关控制器通过舒适网与空调控制器进行通信，空调控制器控制电子膨胀阀开启，同时网关控制器通过动力 CAN 总线与 VCU 通信，VCU 控制风扇低速或高速运转，以保持前驱电动总成、充配电总成以及动力蓄电池始终维持在最佳工作温度。

　　引导问题 4：请查阅相关资料，说说车辆行驶过程中驱动电机过热该如何处理。

_____

_____

知识点提示

驱动电机温度过高检查步骤

驱动电机温度过高时，首先进行外观检查：

1）检查冷却液液位是否正常，冷却液标准值在 min 线和 max 线之间，检查冷却液质量。技术人员可以将手放在冷却液泵体上感觉是否有振动，来检查冷却液水泵是否在工作、管路是否有破损、接头是否松动漏水，排除冷却系统故障。

2）检查驱动电机及其控制器外部是否有渗液、管路接头是否松动。检查电机控制器外部高、低压接插件是否松动，导线是否破损。检查驱动电机外部紧固螺钉是否松动异响，排除电路故障。

3）观察散热水管运转有无异响、机械摩擦是否过大等。

然后使用仪器进行故障诊断：

1）检测驱动电机信号电路。

2）检查驱动电机温度传感器线束插头，测量温度传感器阻值，在常温下阻值大约为 $50k\Omega$。

进行决策

1）各组派代表阐述资料查询结果。

2）各组就各自的查询结果进行交流并分享技巧。

3）教师结合各组完成的情况进行点评并选出最佳方案。

任务实施

安全要求及注意事项见表 3-1-3，设备及工具清点表见表 3-1-4。

表 3-1-3　安全要求及注意事项

安全要求及注意事项	
1）实训开始前，提前准备好需要使用的个人防护用品，并检查是否符合使用标准。	6）更换冷却液时，在汽车底盘下方工作需要戴安全帽。
2）实训开始前，提前做好场地防护，设置警告标识，在操作位置布置好绝缘防护措施。	7）禁止触摸所有橙色的线束。
3）驱动电机及控制系统过热指示灯亮时，禁止拧开冷却液的膨胀水箱盖。	8）在车辆高压电情况下，禁止检修驱动电机及控制系统。
4）禁止触碰任何带安全警示标识的部件。	9）检查实训场地和设备设施是否清洁及存在安全隐患，配电箱、插座是否符合用电需求，如不正常应汇报老师并进行处理。
5）拔掉低压插头时，需提前断开蓄电池负极连接。	10）记录车辆铭牌信息，并做好检测结果记录。
	11）实训结束后，必须清理场地和设备，撤除警示标识。

表 3-1-4　设备及工具清点表

名称	数量	清点
数字万用表	1个	□清点
比亚迪秦 EV 整车	1辆	□清点
绝缘手套	1副	□清点
耐磨手套	1副	□清点
万用接线盒	1个	□清点
道通故障诊断仪	1个	□清点
一体化工量具	1套	□清点

驱动电机过热的故障诊断

1. 故障现象

王先生去年购置了一辆比亚迪秦 EV 作为代步工具，现在起动车辆时发现仪表"OK"灯不亮，显示"请检查动力系统"，如图 3-1-5 所示。

2. 故障分析

在驱动电机工作的过程中，三相线圈温度升高比较快，整个系统会产生大量的热量，电动水泵带动冷却液在前驱电动总成和充配电总成中循环，将热量带到散热器后散发到空气中。温度传感器埋在驱动电机线圈（定子）里，用以检测驱动电机线圈温度，防止驱动电机在工作的过程中温升过快导致过热。当温度传感器检测到绕组温度高于160℃时，电机控制器通过动力CAN 总线与网关控制器进行信息交互，空调控制器控制压缩机工作，将驱动系统的温度降低。电机控制器的温度持续上升到100℃时，电机控制器会停机。

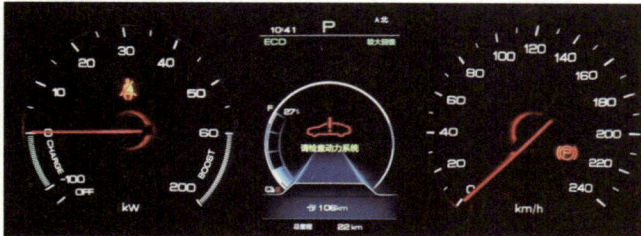

图 3-1-5　仪表显示"请检查动力系统"

　　导致驱动电机及其控制器温度过高故障的原因包括驱动电机故障、驱动电机控制器故障、绕组温度传感器故障、冷却系统故障、冷却控制电路故障等。在进行故障排查时，可先通过外部直观检查排查冷却系统及电路故障，再通过读取故障码进一步查找故障原因，如图 3-1-6 所示。

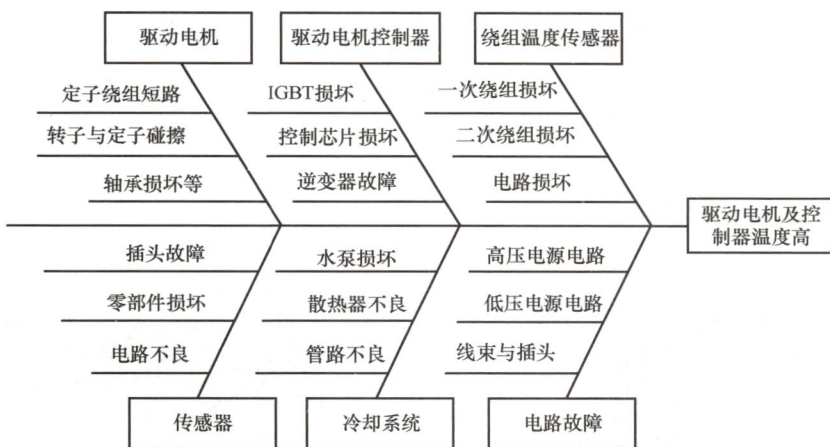

图 3-1-6　驱动电机及控制器温度过高可能的故障原因

3. 故障排查

1）检查驱动电机冷却液液位，应在 min 线和 max 线之间，如图 3-1-7 所示。

2）检查冷却系统管路有无泄漏，水泵及风扇运转是否正常，如图 3-1-8 所示。

图 3-1-7　检查驱动电机冷却液

图 3-1-8　检查冷却系统

3）检查驱动电机冷却管路有无异响、机械摩擦是否过大等，如图 3-1-9 所示。

4）连接故障诊断仪，读取故障码，显示为 P1BB200：前驱动电机一般过温告警；P1BB298：前驱动电机严重过温告警，查看数据流显示驱动电机温度为 161℃，温度过高，如图 3-1-10 所示。

5）车辆下电，断开辅助蓄电池负极连接，为方便测量驱动电机温度传感器，拆卸右前轮，如图 3-1-11 所示。

6）拆下电机驱动器搭铁，打开驱动电机后端盖，如图 3-1-12 所示。

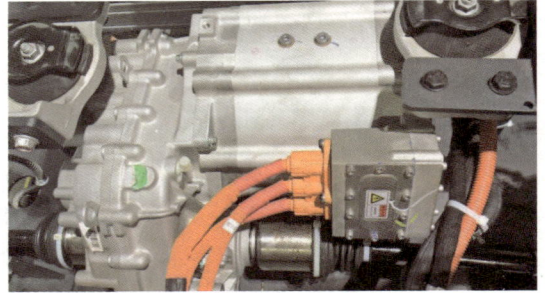

图 3-1-9　检查驱动电机冷却管路

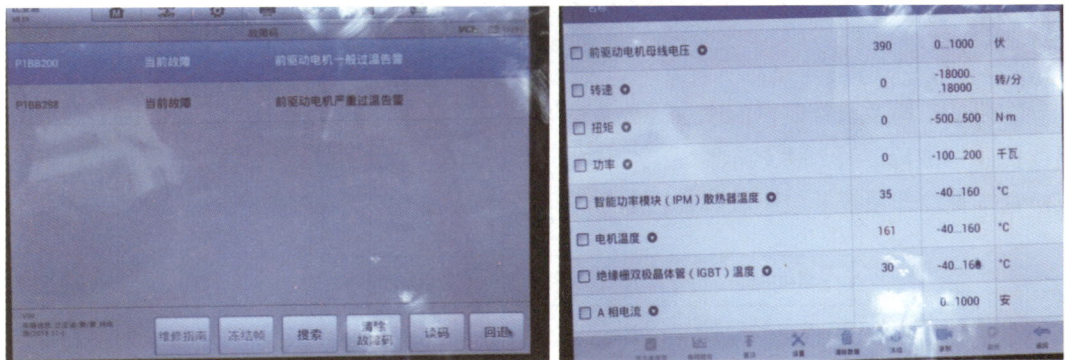

图 3-1-10　查看故障诊断仪数据流

7）拔下驱动电机温度传感器插头，如图 3-1-13 所示。

8）测量驱动电机温度传感器的电阻值，电阻值为 0.915kΩ，阻值异常，如图 3-1-14 所示。

图 3-1-11　拆卸右前轮

图 3-1-12　打开驱动电机后端盖

图 3-1-13　拔下驱动电机温度传感器插头

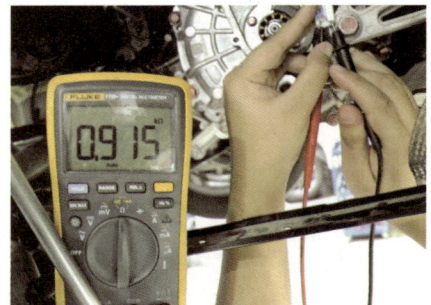

图 3-1-14　测量驱动电机温度传感器电阻值

4. 故障排除

更换温度传感器，重新起动汽车，仪表显示正常，如图 3-1-15 所示，汽车正常上电，故障排除。

5. 故障总结

该故障是温度传感器故障引起系统报故障，从而导致电机控制器检测到驱动电机温度过高，车辆无法上电。

驱动电机温度由两个定子温度传感器进行检测，采取双重保护，当一个传感器出现故障时，另一个传感器还能正常工作。当出现此类故障时，先检查冷却散热系统，查看是否由于硬件散热不良导致了温度故障，再用故障诊断仪检查是否由于电路信号造成了故障。

图 3-1-15　仪表显示

6. 现场 6S 整理

驱动电机水泵的故障诊断

1. 故障现象

打开前机舱盖，找到驱动电机水泵（位于前机舱底部驱动电机正前方的位置，固定在电机部件上，如图 3-1-16 所示，水泵不能正常运转。

2. 故障排查

1）车辆下电，使用套筒松开蓄电池螺钉，断开辅助蓄电池负极连接，如图 3-1-17 所示。

2）按住卡扣，拔下驱动电机水泵低压插接器，如图 3-1-18 所示。

3）用万用表欧姆档（表笔分别搭在驱动电机水泵插座端子上），测量驱动电机水泵电阻值，如

图 3-1-16　驱动电机水泵在前机舱内的位置

图 3-1-19 所示，正常值为几千欧姆。如果测得电阻值为 0，说明驱动电机水泵短路；如果测得数值无穷大，说明驱动电机水泵内部断路，需要更换水泵。

图 3-1-17　断开辅助蓄电池负极连接

4）连接蓄电池负极，车辆上电，用万用表直流电压档（红、黑表笔分别接驱动电机低压插接器 B43 的端子 1 和 3，如图 3-1-20 所示）。测量驱动电机水泵对地电压，正常值范围为 11~14V。驱动电机水泵故障诊断完成。驱动电机水泵电路如图 3-1-21 所示。

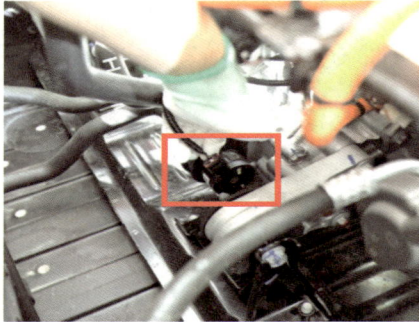

图 3-1-18　拔下驱动电机水泵低压插接器

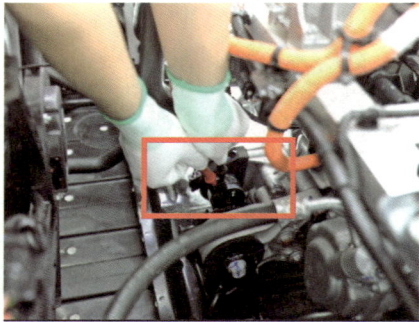

图 3-1-19　用万用表测驱动电机水泵电阻值

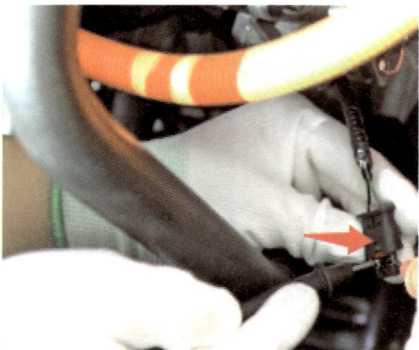

图 3-1-20　用万用表表笔接驱动电机低压插接器 B43 的端子 1 和 3

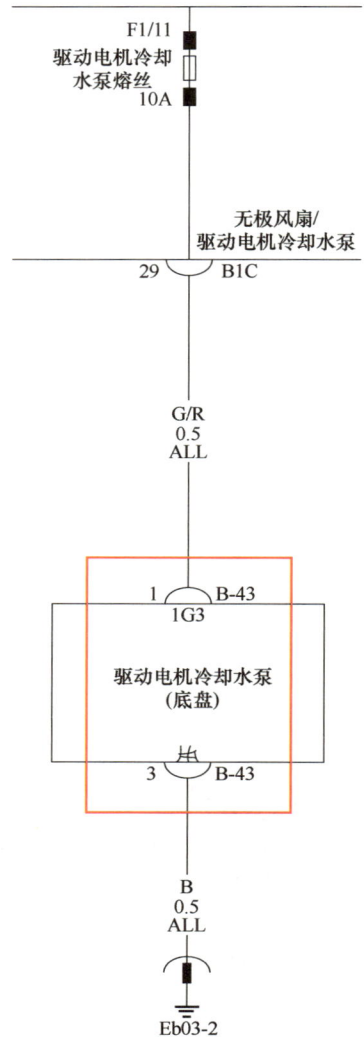

图 3-1-21　驱动电机水泵电路

📝 评价反馈

1）各组代表展示汇报 PPT，介绍任务的完成过程。

2）以小组为单位，对各组的操作过程与操作结果进行自评和互评，并将结果填入表 3-1-5 中。

表 3-1-5　学生评价表

姓名		学号			班级			组别				
实 训 任 务												
评 价 项 目	分值	等　级				评价对象（组别）							
		A	B	C	D	1	2	3	4	5	6	7	8
方案合理	20	20	15	10	5								
团队合作	20	20	15	10	5								
工作质量	20	20	15	10	5								
工作规范	20	20	15	10	5								
汇报展示	20	20	15	10	5								
合计	100	各组得分											
总结与反思													

（如：学习过程中遇到什么问题→如何解决的 / 解决不了的原因→心得体会）

>> 教师对学生工作过程与工作结果进行评价，并将评价结果填入表 3-1-6 中。

表 3-1-6　教师对学生评价表

姓名			学号		班级		组别	
实训任务								
评价项目			评价标准				分值	得分
考勤（10%）			无故意迟到、早退和旷课的现象				10	
工作过程（60%）	知识目标	获取信息	掌握工作相关知识				10	
		进行决策	制订工作方案，方案合理可行				10	
	技能目标	任务实施	能够分析驱动电机过热和驱动电机水泵的故障原因				5	
			能够使用诊断仪和万用表工具检测车辆故障				5	
			能够完成驱动电机过热故障的诊断与排除				5	
			能够完成水泵电机水泵故障的诊断与排除				5	
	素养目标	工作态度	认真严谨、积极主动、安全生产、文明施工				5	
		团队合作	与小组成员、同学之间能合作交流、协调工作				5	
		工作质量	能按照工作方案操作，按计划完成工作任务				10	
项目成果（30%）		工作完整	能按时完成工作任务的所有环节				10	
		工作规范	能在整个操作过程中规范操作，避免意外事故的发生				10	
		汇报展示	能准确表达、汇报工作成果				10	
合计							100	
综合评价		学生评价（50%）		教师评价（50%）		综合得分		
综合评语		（作业过程中存在的问题及改进建议）						

任务二　电机旋变信号电路的故障诊断与排除

🎯 任务目标

知识目标

1. 掌握比亚迪秦 EV 驱动电机的组成。
2. 掌握比亚迪秦 EV 旋变传感器的定义和组成。
3. 掌握比亚迪秦 EV 旋变传感器的工作原理。

技能目标

1. 能够通过示波器查看旋变信号波形并进行分析。
2. 能够正确运用仪表进行旋变传感器的检测。
3. 能够利用厂家技术手册进行旋变信号电路检测。

素养目标

1. 认真严谨、积极主动、安全生产、文明施工。
2. 与小组成员、同学之间能合作交流、协调工作。
3. 获得分析问题和解决问题的基本方法。
4. 积极主动与小组成员交流、讨论学习成果，取长补短，完成自我提升。

✈ 任务框图

📖 任务导入

　　王先生购买的比亚迪秦 EV 已行驶里程为 8 万 km，按压启停开关，高压不能上电，仪表 READY 灯不亮，同时蓄电池故障指示灯及动力系统故障指示灯亮。经过检查后诊断为旋变传感器故障。你知道旋变传感器的工作原理与检修方法吗？

👥 任务分组

　　学生任务分配表见表 3-2-1。

表 3-2-1　学生任务分配表

班　级			组　号		指导教师	
组　长			学　号			
组　员	姓名：_____	学号：_____		姓名：_____	学号：_____	
	姓名：_____	学号：_____		姓名：_____	学号：_____	
	姓名：_____	学号：_____		姓名：_____	学号：_____	
	姓名：_____	学号：_____		姓名：_____	学号：_____	
任 务 分 工						

（就组织讨论、工具准备、数据采集、数据记录、安全监督、成果展示等工作内容进行任务分工）

获取信息

❓ 引导问题 1：请查阅相关资料，说说比亚迪秦 EV 采用的是什么类型的驱动电机，它的功能有哪些。

_____

_____

知识点提示

驱动电机的概述

驱动电机是一种将电能转化为动能，并用来驱动其他装置的电气设备，是与电动汽车加速度、最高车速、爬坡坡度（一般车辆最大的爬坡坡度不超过 40%）等重要指标及行车体验直接相关的核心部件。

比亚迪秦 EV 采用的驱动电机为永磁同步电机，下面以其为例简要介绍驱动电机的组成。

永磁同步电机主要由转子、定子，外壳，旋变传感器（也称为旋转变压器，简称为旋变），前、后转子轴承，前、后端盖以及三相电缆等部件组成，如图 3-2-1 所示。

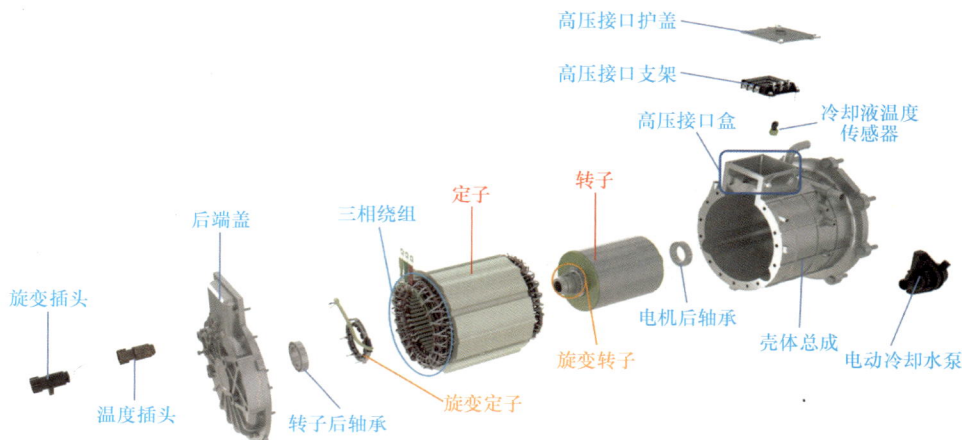

图 3-2-1　永磁同步电机分解图

永磁同步电机主要部件安装位置说明见表 3-2-2。

表 3-2-2 永磁同步电机主要部件安装位置说明

部件	说明
旋变定子	安装在后端盖上，用于检测转子的位置和转速信号
旋变转子	安装在电机转轴上，用于反映转子角度位置
转子	布置在定子内部，用于磁能向动能的转换
三相绕组	安装在定子铁心上，用于接入三相交流电产生磁场
定子	安装在壳体内部，用于增强通电线圈的磁性

其中，旋变传感器如同永磁同步电机的"眼睛"，可精确检测转子的位置、方向和速度，用来对驱动电机或发电机（回收能量）进行方向和转速的控制。

❓ 引导问题 2：旋变传感器也称为旋转变压器、位置传感器和正余弦旋转变压器。请查阅相关资料，说说从哪些方面定义这些名称。

_____

_____

💡 知识点提示

旋变传感器的定义

旋变传感器在部分车型上称为解析器、转角传感器，是一种位置传感器，可精确检测转子的位置、方向和速度，用来对驱动电机或发电机（回收能量）进行方向和转速的检测。它是一种电磁式传感器，汽修行业常常称它为"旋变"，通常被用于检测转子旋转的瞬间准确位置。在比亚迪秦 EV 中，当励磁绕组以一定频率的交流电压励磁时，输出绕组的电压幅值与转子转角成正、余弦函数关系，因此这种旋变传感器又称为正余弦旋转变压器。

电机控制器通过旋变信号监控驱动电机转子的运转状况，如图 3-2-2 所示。如果旋变信号失效或者丢失，电机控制器不工作，车辆将无法起动。

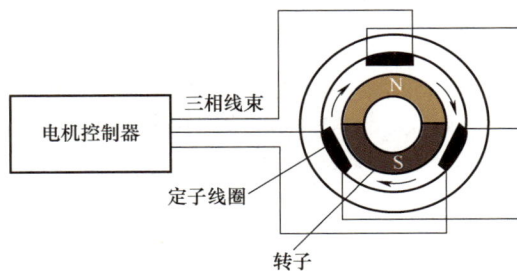

图 3-2-2 驱动电机工作原理示意图

❓ 引导问题 3：请查阅相关资料，说说普通变压器和旋变传感器的区别有哪些。

_____

_____

❓ **引导问题**4：请查阅相关资料，总结电动汽车上使用的磁阻式旋变传感器的特点有哪些。

_____

_____

❓ **引导问题**5：请查阅相关资料，说说比亚迪秦EV的旋变传感器的组成以及工作原理。

_____

_____

💡 知识点提示

旋变传感器的组成

1. 普通变压器与旋变传感器

普通变压器的一次侧和二次侧的线圈是相对固定的，中间有铁心进行电磁交变，所以输出与输入的电压比是一个不变值。旋变传感器的一次侧、二次侧绕组随转子的角位移发生相对位置的改变，当转子的转角位置改变时，其二次侧绕组输出电压的大小会随转子角位移而发生变化，输出绕组的电压幅值与转子转角成正弦、余弦的函数关系，或保持某一比例关系，或与转角范围内转角呈线性关系。

2. 磁阻式旋变传感器的特点

电动汽车的驱动电机上多使用磁阻式旋变传感器，它是旋变传感器的一种特殊形式，利用磁阻原理来实现电信号间的转换。它的特点是一次侧与二次侧的绕组都放在定子的不同槽内，且均固定不旋转。一次侧绕组属励磁绕组，通入正弦形的励磁电流，而二次侧是由两相线圈产生输出信号的。

磁阻式旋变传感器结构简单、占用空间尺寸极小，且励磁绕组、正弦绕组和余弦绕组均固装在定子上；它还采取无刷式结构，大大提高了系统的可靠性，其检测角位移精度极高，甚至可以精确到"秒"。此外，磁阻式旋变传感器的抗干扰能力较好，更适合车辆对电机驱动的多种要求。

比亚迪秦EV的旋变传感器安装在电机后端盖处，如图3-2-3所示。

3. 比亚迪秦EV旋变传感器的组成

如图3-2-4a所示，旋变传感器由旋变定子和旋变转子组成。其定子固定于定子或端盖上，以检测和输出转子位置信号。旋变定子由高性能硅钢片叠成，上有绕组作为传感器的一次侧接受励磁电压，励磁频率由控制单元控制，转子绕组相当于变压器的二次侧，通过电磁耦合在二次侧线圈上产生感应电压；旋变转子也是由多个硅钢片组成的，与电机同轴，以跟踪转子的位置。旋变转子上有一个盘，它是用透磁通的金属制成的，这个转子盘的形状特殊，非圆形，像凸轮盘，如图3-2-4b所示。该盘被一个固定在壳体上的电磁线圈环包围着，该电磁线圈环起着定子的作用。该线圈环由励磁

图3-2-3　比亚迪秦EV驱动电机旋变传感器的安装位置

线圈 A、正弦线圈 S 和余弦线圈 C 三个单线圈构成，正弦线圈 S、余弦线圈 C 两线圈互成 90°安装，如图 3-2-5 所示。其中，励磁线圈 A 负责输入，正弦线圈 S 与余弦线圈 C 负责输出。

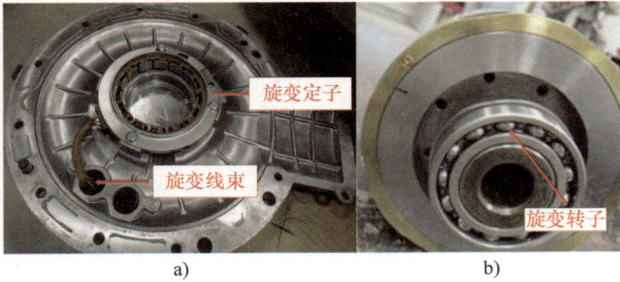

图 3-2-4　比亚迪秦 EV 旋变传感器的结构

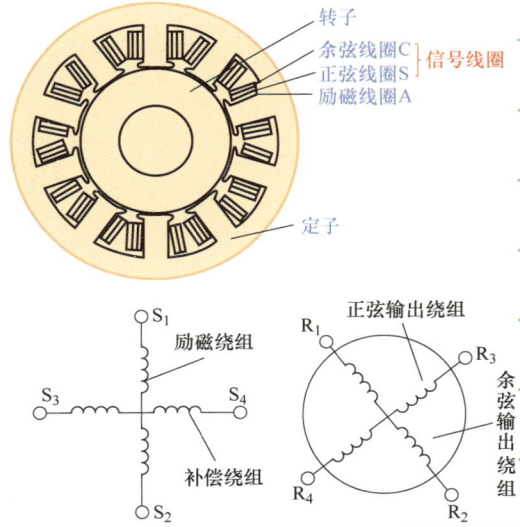

图 3-2-5　旋变传感器线圈环的结构

❓ **引导问题 6：** 请查阅相关资料，说说需要检测磁阻式旋变传感器哪些信号来判断旋变是否正常。

_____

_____

💡 **知识点提示**

旋变传感器的工作原理

如图 3-2-6 所示，励磁线圈通入正弦曲线的励磁电压后，励磁线圈周围产生的交变磁场作用在转子盘上，转子盘将交变磁场的磁通引向接收线圈，接收线圈将感应到一个交变电压。该电压与转子盘的位置成一定的比例，与励磁电压存在相位差，如图 3-2-7 所示。

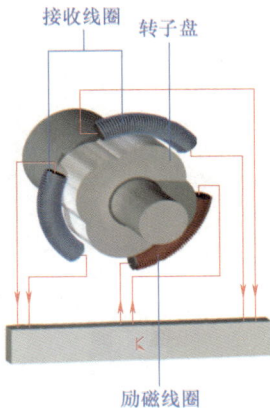

图 3-2-6　旋变传感器的工作原理示意图

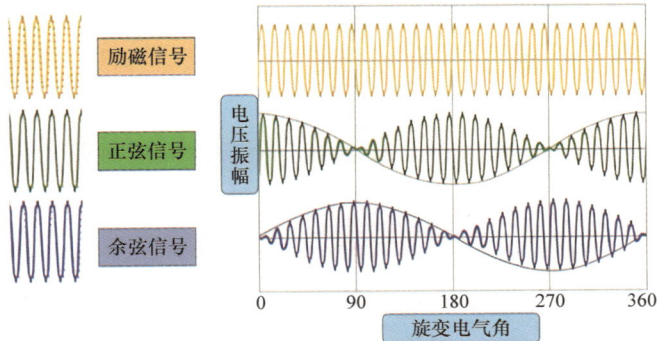

图 3-2-7　旋变传感器工作时的波形变化

如图 3-2-8 所示,当转子与旋变转子一同转动时,旋变转子转过定子线圈,改变了定子线圈与转子之间的磁通,使正弦绕组和余弦绕组收到励磁绕组感应,信号幅值产生一定变化,呈正弦和余弦波形。波形的幅值和相位随着旋变转子(与转子同转)的变化而变化,因此可以准确判断出转子的位置、转速和方向。

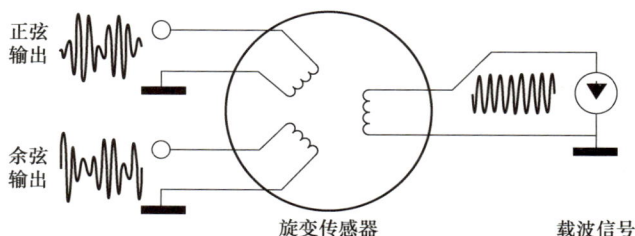

正弦输出

余弦输出

旋变传感器

载波信号

图 3-2-8　旋变传感器的控制策略

进行决策

1)各组派代表阐述资料查询结果。

2)各组就各自的查询结果进行交流并分享技巧。

3)教师结合各组完成的情况进行点评并选出最佳方案。

任务实施

安全要求及注意事项见表 3-2-3,设备及工具清点表见表 3-2-4。

表 3-2-3　安全要求及注意事项

安全要求及注意事项
1)实训开始前,提前准备好需要使用的个人防护用品,并检查是否符合使用标准。 2)实训开始前,提前做好场地防护,设置警告标识,在操作位置布置好绝缘防护措施。 3)检查实训场地和设备设施是否清洁及存在安全隐患,配电箱、插座是否符合用电需求,如不正常请汇报老师并进行处理。 4)记录车辆铭牌信息,并做好检测结果记录。 5)实训结束后,必须清理场地和设备,撤除警示标识。

表 3-2-4　设备及工具清点表

名称	数量	清点
数字万用表	1 个	□清点
比亚迪秦 EV 整车	1 辆	□清点
绝缘手套	1 副	□清点
耐磨手套	1 副	□清点
万用接线盒	1 个	□清点
道通 MS908E 故障诊断仪	1 个	□清点
一体化工量具	1 套	□清点

旋变传感器的故障诊断

1. 故障现象

一辆比亚迪秦 EV，行驶里程为 8 万 km，按压启停开关，高压不能上电，仪表"OK"灯不亮，同时仪表显示"请检查动力系统"，如图 3-2-9 所示。

图 3-2-9　仪表显示

2. 故障分析

电动汽车驱动电机的旋变信号检测是上电的必要条件之一，旋变信号类似于传统汽车的发动机曲轴位置传感器信号。旋变传感器检测驱动电机转子的位置、转速以及旋转方向，并将信号反馈给电机控制器，用于控制电机的驱动。当电机控制器接收不到旋变信号时，电机控制器无法获得驱动电机转子位置等信号，无法判断驱动电机通电相位顺序，故车辆无法进行高压上电。

可能故障原因是旋变故障，一般为硬件故障，即旋变传感器本身线圈绕组及电机控制器故障，以及旋变传感器线束或接插件故障，如图 3-2-10 所示。

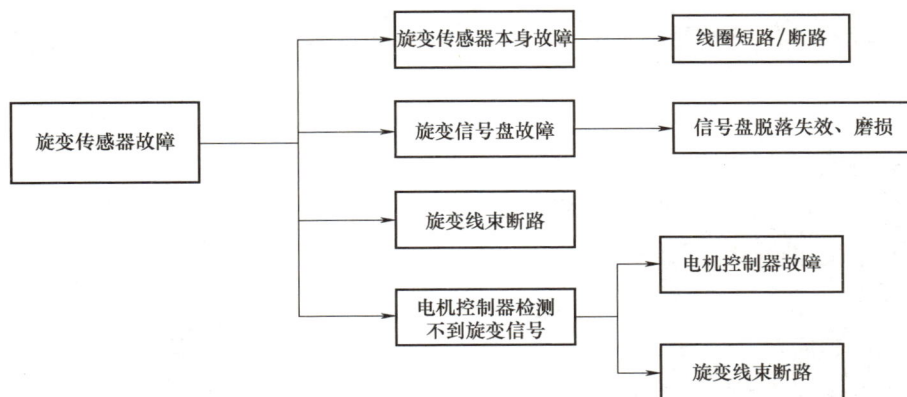

图 3-2-10　旋变传感器故障

3. 故障排查

1）车辆基本检查，检查前机舱接插件线束是否连接到位。

2）运用诊断设备，连接故障诊断仪，读取故障码，出现动力网—前驱动电机控制器报出故障码：P1BBF00、P1BF200，如图 3-2-11 所示。

3）通过故障码可以非常明确看出是旋变故障，此时需要进一步进行检查，并且读取数据流，检查有无异常，如图 3-2-12 所示。

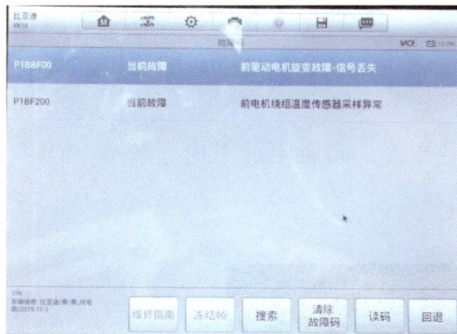

图 3-2-11　查看故障诊断仪数据流

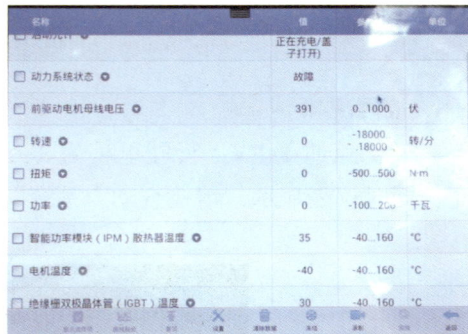

图 3-2-12　查看诊断仪前电驱动控制器数据流

4）关闭起动开关，断开辅助蓄电池负极连接（等待 3min），拆卸前驱总成的后端盖，如图 3-2-13 所示。

5）查阅电气原理图，找到旋变信号电路端子号，分别测量正弦、余旋、励磁的电阻值。正常时的测量值如图 3-2-14~ 图 3-2-16 所示。

6）测量旋变传感器接插件电阻值，电阻值为无穷大；继续查找，发现驱动电机插头处针脚退针，如图 3-2-17 所示。

图 3-2-13　拆卸前驱总成的后端盖

图 3-2-14　测量旋变传感器正弦电阻

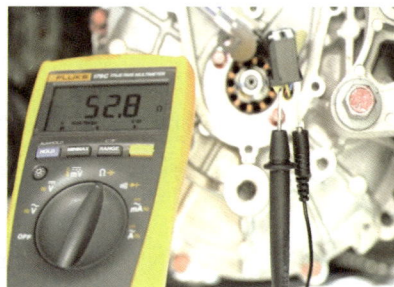

图 3-2-15　测量旋变传感器余弦电阻

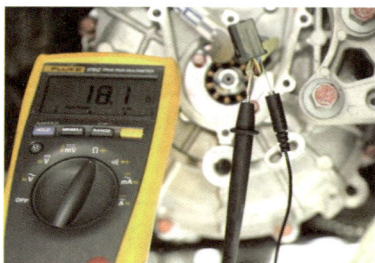

图 3-2-16　测量旋变传感器励磁电阻

图 3-2-17　驱动电机插头处针脚退针

4. 故障排除

修复旋变传感器线束插针，重新起动汽车，仪表显示正常，如图 3-2-18 所示，汽车正常上电，故障排除。

5. 故障总结

该故障是旋变传感器电路插头退针引起系统报故障，从而导致电机控制器无法检测到驱动电机旋变信号。

在检查此类故障时，通过电阻法测量线束导通性及传感器线圈电阻值是比较便捷的方法。当电阻值没有明显异常时，还可以用示波器测量励磁信号以确定电机控制器是否输出励磁电流，用以判断电机控制器是否故障。也可测量正弦、余旋信号，检查其本身有无将信号反馈给电机控制器，通过波形信号的幅值、频率观察信号有无缺失或信号波形减弱等问题。

6. 现场 6S 整理

7. 实训拓展

图 3-2-18　仪表显示

2020 年第二届全国新能源汽车关键技术技能大赛（电控技术）章程中明确规范，关于电机驱动系统装调与检测考核内容的九个考核要点，其中第九个考核点指出：驱动系统部分可根据需求设置缺相、励磁输出信号偏弱、旋变信号缺失等故障。根据赛事章程考纲范围，请查看视频，了解电机参数的采集过程。

竞赛指南

电机的
参数采集

评价反馈

1）各组代表展示汇报 PPT，介绍任务的完成过程。

2）以小组为单位，对各组的操作过程与操作结果进行自评和互评，并将结果填入表 3-2-5 中。

表 3-2-5　学生评价表

姓名		学号			班级			组别			
实训任务											
评价项目	分值	等级				评价对象（组别）						
		A	B	C	D	1	2	3	4	5	6	7	8
方案合理	20	20	15	10	5								
团队合作	20	20	15	10	5								
工作质量	20	20	15	10	5								
工作规范	20	20	15	10	5								
汇报展示	20	20	15	10	5								
合计	100	各组得分											
总结与反思													
（如：学习过程中遇到什么问题→如何解决的 / 解决不了的原因→心得体会）													

>> 教师对学生工作过程与工作结果进行评价，并将评价结果填入表 3-2-6 中。

表 3-2-6　教师对学生评价表

姓名			学号		班级		组别	
实训任务								
评价项目			评价标准				分值	得分
考勤（10%）			无故意迟到、早退和旷课的现象				10	
工作过程（60%）	知识目标	获取信息	掌握工作相关知识				10	
		进行决策	制订工作方案，方案合理可行				10	
	技能目标	任务实施	能够分析驱动电机旋变故障原因				5	
			能够使用诊断仪和万用表检测车辆故障				5	
			能够完成电动汽车驱动电机的旋变信号检测				5	
			能够完成旋变传感器的故障诊断与排除				5	
	素养目标	工作态度	认真严谨、积极主动、安全生产、文明施工				5	
		团队合作	与小组成员、同学之间能合作交流、协调工作				5	
		工作质量	能按照工作方案操作，按计划完成工作任务				10	
项目成果（30%）		工作完整	能按时完成工作任务的所有环节				10	
		工作规范	能在整个操作过程中规范操作，避免意外事故的发生				10	
		汇报展示	能准确表达、汇报工作成果				10	
合计							100	
综合评价	学生评价（50%）		教师评价（50%）			综合得分		
综合评语	（作业过程中存在的问题及改进建议）							

任务三　电机控制器的电路故障诊断与排除

🎯 任务目标

知识目标

1. 掌握比亚迪秦 EV 的前驱总成三合一的组成与部件位置。
2. 掌握比亚迪秦 EV 的电机控制器的作用与工作原理。
3. 掌握比亚迪秦 EV 的电机控制器的故障码。

技能目标

1. 能正确完成"与电机控制器丢失通信"故障排查。
2. 能正确使用故障诊断仪、万用表读取或测量相关数据。

素养目标

1. 认真严谨、积极主动、安全生产、文明施工。
2. 获得分析问题和解决问题的基本方法。
3. 积极主动与小组成员交流、讨论学习成果，取长补短，完成自我提升。

🔺 任务框图

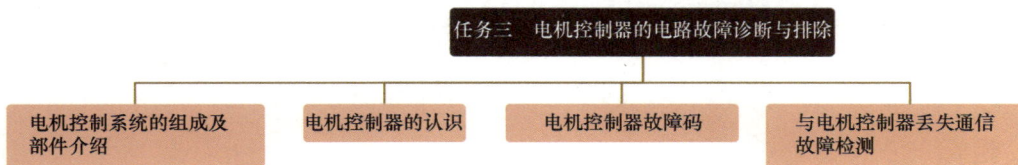

📥 任务导入

　　某比亚迪秦 EV 车主带遥控钥匙进入车内，踩下制动踏板，按下启动按钮，仪表"OK"灯不亮，车辆无法正常起动。维修人员使用故障诊断仪读取车辆故障，显示"与电机控制器丢失通信"，请问接下来该如何排查故障呢？

👥 任务分组

学生任务分配表见表 3-3-1。

表 3-3-1 学生任务分配表

班 级			组 号			指 导 教 师	
组 长			学 号				
组 员	姓名:＿＿＿＿	学号:＿＿＿＿			姓名:＿＿＿＿	学号:＿＿＿＿	
	姓名:＿＿＿＿	学号:＿＿＿＿			姓名:＿＿＿＿	学号:＿＿＿＿	
	姓名:＿＿＿＿	学号:＿＿＿＿			姓名:＿＿＿＿	学号:＿＿＿＿	
	姓名:＿＿＿＿	学号:＿＿＿＿			姓名:＿＿＿＿	学号:＿＿＿＿	
任 务 分 工							

（就组织讨论、工具准备、数据采集、数据记录、安全监督、成果展示等工作内容进行任务分工）

获取信息

❓ 引导问题 1：请查阅相关资料，说说比亚迪秦 EV 的前驱电动总成三合一中的"三合一"指的是什么。

＿＿＿＿＿＿＿＿＿＿＿＿＿＿＿＿＿＿＿＿＿＿＿＿＿＿＿＿＿＿＿＿

＿＿＿＿＿＿＿＿＿＿＿＿＿＿＿＿＿＿＿＿＿＿＿＿＿＿＿＿＿＿＿＿

知识点提示

电机控制系统的组成及部件介绍

1. 组成

比亚迪秦 EV 的驱动电机控制系统也称为前驱电动总成或三合一驱动系统，主要由驱动电机控制器（Motor Control Unit，MCU）、驱动电机和单档变速器组成，如图 3-3-1 所示。

2. 安装位置

比亚迪秦 EV 的驱动电机控制系统位于前机舱中部，在充配电总成的下方，如图 3-3-2 所示。其充配电总成的安装位置如图 3-3-3 所示。

3. 集成方案

本着"高品质、高电压、高集成、高转速、

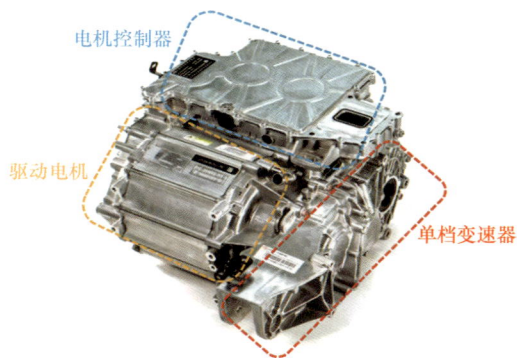

图 3-3-1 比亚迪秦 EV 驱动电机控制系统

高性能、低成本"的开发理念，在比亚迪秦 EV 的设计中，驱动电机及电机控制器采用了直连的方式，减少三相电缆、驱动电机和电机控制器共用冷却系统（通过 VCU 控制电子水泵、电子风扇进行循环冷却），成本降低了 33%，体积减小了 30%，重量减轻了 25%，功率密度增加了 20%，NEDC 续驶里程效率提升了 1%，转矩密度增加了 17%，其集成方案见表 3-3-2。

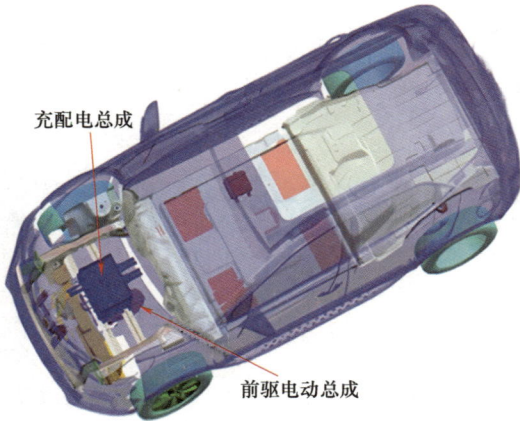

图 3-3-2　比亚迪秦 EV 驱动电机控制系统安装位置示意图

图 3-3-3　比亚迪秦 EV 充配电总成的安装位置

表 3-3-2　比亚迪秦 EV 驱动三合一集成方案

集成内容	示图	集成目的
驱动电机、电控端子直连，取消三相线		降低成本
驱动电机、电控水道直连，取消水管		降低成本
驱动电机转子轴和减速器输入轴共用		提高同轴度，减小噪声
驱动电机壳体和减速器壳体共用		降低成本，提高同轴度，提高装配精度

　　除了比亚迪秦 EV，在比亚迪的众多车型中，唐 EV、宋 Pro 及相关混动车型搭载的都是前驱动电动总成。

❓ 引导问题 2：请查阅相关资料，说说电机控制器的作用有哪些。

_____

_____

💡 **知识点提示**

电机控制器的认识

1. 电机控制器的组成

驱动电机控制器是一种用于控制动力蓄电池与驱动电机之间能量传输的装置。其为动力蓄电池和驱动电机之间的能量转换单元，是驱动电机驱动系统的控制中心，又称为智能功率（1PM）模块。

驱动电机控制器主要包括智能功率（IPM）模块、绝缘栅双极型晶体管（IGBT）模块、信号数据采集模块、关联电路等硬件，以及电机控制算法与逻辑保护等软件部分。下面简要介绍 IGBT 模块与 IPM 模块。

IGBT（Insulated Gate Bipolar Transistor）是一种由 MOS（绝缘栅型场效应晶体管）和 BJT（双极型晶体管）组合成的复合全控型电压驱动式功率半导体器件，被认为是电动汽车的核心技术之一。

IPM（Intelligent Power Module）模块把功率开关器件和驱动电路集成在一起，而且内有过电压、过电流和过温等故障检测电路，并可将检测信号送到 CPU。

2. 电机控制器的功能

1）具有采集转矩请求和旋变等信号，控制驱动电机正向、反向驱动以及正、反转发电的功能。

2）具有高压输出电压和电流控制限制的功能。

3）具有电压跌落保护、过电流保护、过温保护、IPM 过温保护、IGBT 过温保护、功率限制、转矩控制限制等功能。

4）具有能量回馈控制、主动泄放、被动泄放控制的功能。

3. 电机控制器的工作原理

旋变传感器检测转子位置并判断其状态，接通电机控制器内相应的 IGBT，此时高压直流电经电机控制器内的 IGBT 进行逆变后流入定子绕组线圈，通电产生旋转的磁场（电转磁 - 电感），利用右手法则判定磁极，同性相斥、异性相吸使转子的磁铁随之转动。W 晶体管导通，V 晶体管 PWM 控制电流的大小和频率，实现驱动电机的调速。其控制原理如图 3-3-4 所示。

当车辆减速或滑行时，驱动电机会将汽车的部分动能转化为电能，进行能量回收。此过程中，旋转磁场是转子，被切割的导线是定子绕组。转子旋转（机械能转换成磁能）产生磁场，定子绕组线圈（磁能转换成电能 - 电磁感应）产生电能；每转动 180° 产生的电压方向（极性）改变一次（进去低电位，出来高电位），从而产生交流方波电。最后，经过电机控制器内的 IGBT 上的二极管整流变成直流电输出

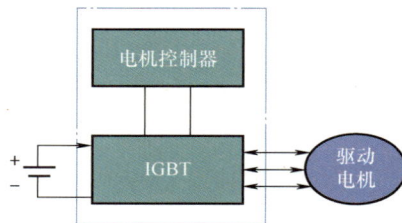

图 3-3-4　电机控制器原理图

给动力蓄电池充电。

注意：当 EV 车型动力蓄电池组的 SOC>95% 或 PHEV 车型动力蓄电池组的 SOC>90% 时，能量回收的电能不会给动力蓄电池充电。当动力蓄电池有故障时，能量回收的电能不会给动力蓄电池充电。

❓ 引导问题 3：使用故障诊断仪读取比亚迪秦 EV 电机控制器模块的数据流，显示无法与整车进行通信，请问可能的故障原因有哪些？

_____

_____

💡 知识点提示

电机控制器故障码

电机控制器故障码见表 3-3-3。

表 3-3-3　电机控制器故障码

序号	故障码（ISO 15031-6）	故障定义
1	P1BB000	前驱动电机过电流
2	P1BB200	前驱动电机一般过温告警
3	P1BB298	前驱动电机严重过温告警
4	P1BB300	前驱动电机控制器 IGBT-NTC 一般过温告警
5	P1BAC00	前驱动电机控制器 IGBT 核心温度一般过温告警
6	P1BB319	前驱动电机控制器 IGBT-NTC 严重过温告警
7	P1BAC19	前驱动电机控制器 IGBT 核心温度严重过温告警
8	P1BB500	前驱动电机控制器高压欠电压
9	P1BB600	前驱动电机控制器高压过电压
10	P1BB700	前驱动电机控制器电压采样故障
11	P1BB800	前驱动电机控制器碰撞信号故障
12	P1BB900	前驱动电机控制器开盖保护（预留）
13	P1BBA00	前驱动电机控制器 EEPROM 错误
14	P1BBC00	前驱动电机控制器 DSP 复位故障
15	P1BBD00	前驱动电机控制器主动泄放故障
16	P1BBF00	前驱动电机旋变故障 - 信号丢失
17	P1BC000	前驱动电机旋变故障 - 角度异常
18	P1BC100	前驱动电机旋变故障 - 信号幅值减弱
19	P1BC200	前驱动电机缺 A 相

（续）

序号	故障码（ISO 15031-6）	故障定义
20	P1BC300	前驱动电机缺 B 相
21	P1BC400	前驱动电机缺 C 相
22	P1BC900	前驱动电机控制器电流霍尔传感器 A 故障
23	P1BC500	前驱动电机控制器电流霍尔传感器 B 故障
24	P1BC600	前驱动电机控制器电流霍尔传感器 C 故障
25	P1BC800	前驱动电机控制器 IGBT 温度校验故障报警
26	U014187	与整车控制器通信故障
27	U011100	与蓄电池管理器通信故障
28	P1BD119	前驱动电机控制器驱动 CPLD 过电流故障
29	P1BD117	前驱动电机控制器驱动 CPLD 过电压故障
30	P1BD000	前驱动电机控制器驱动 DSP1 死机故障

进行决策

1）各组派代表阐述资料查询结果。

2）各组就各自的查询结果进行交流并分享技巧。

3）教师结合各组完成的情况进行点评并选出最佳方案。

任务实施

安全要求及注意事项见表 3-3-4，设备及工具清点表见表 3-3-5。

表 3-3-4　安全要求及注意事项

安全要求及注意事项
1）实训开始前，提前准备好需要使用的个人防护用品，并检查是否符合使用标准。 2）实训开始前，提前做好场地防护，设置警告标识，在操作位置布置好绝缘防护措施。 3）检查实训场地和设备设施是否清洁及存在安全隐患，配电箱、插座是否符合用电需求，如不正常请汇报老师并进行处理。 4）记录车辆铭牌信息，并做好检测结果记录。 5）实训结束后，必须清理场地和设备，撤除警示标识。

表 3-3-5　设备及工具清点表

名称	数量	清点
数字万用表	1 个	□清点
比亚迪秦 EV 整车	1 辆	□清点
绝缘手套	1 副	□清点
耐磨手套	1 副	□清点
万用接线盒	1 个	□清点
道通 MS908E 故障诊断仪	1 台	□清点

与电机控制器丢失通信故障检测

1. 故障现象

遥控钥匙进行车辆解锁，进入车内，踩下制动踏板，按下启动按钮，仪表"OK"灯不亮。

2. 故障检测

1）连接道通 908E 故障诊断仪，读取故障码"与电机控制器丢失通信"。

2）查找电气原理图，如图 3-3-5 所示。

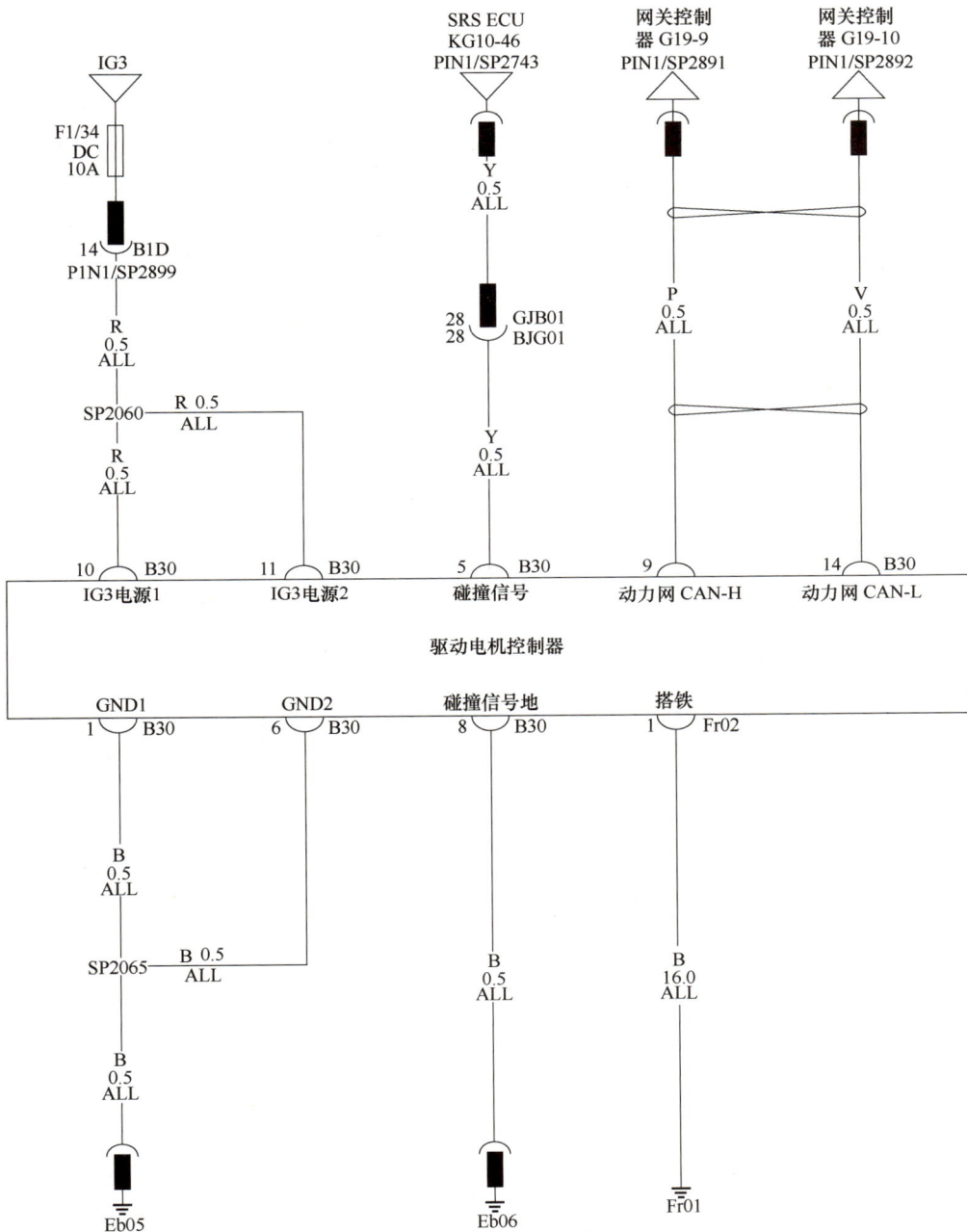

图 3-3-5　电气原理图

3）测量 B30/10 对地电压，实测：11V，正常值：11V（正常）。

4）测量 B30/9 对地电压，实测：2.5~3.5V，正常值：2.5~3.5V（正常）。

5）测量 B30/14 对地电压，实测：1.5~2.5V，正常值：1.5~2.5V（正常）。

6）断开辅助蓄电池负极连接，测量 B30/9~B30/14 电阻值，实测：无穷大，正常值：60Ω（异常）。

7）断开辅助蓄电池负极连接，测量 B30/9~G19/9 电阻值，实测：无穷大，正常值：小于 1Ω（异常）。

3. 诊断结论

B30/9~G19/9 电路断路。

4. 实训拓展

电机过热故障的诊断与排除

职业认证

2021 年，我国交通运输部职业资格中心组织编制了《新能源汽车检测维修专业能力评价标准》（以下简称《标准》）。标准的 5.3.3 新能源汽车整车故障诊断与维修技术明确要求从业人员掌握驱动电机及控制系统检测诊断的方法与步骤。不同纯电动汽车驱动系统电路布置不同。请扫描二维码，了解其他车型驱动电机故障排除。

评价反馈

1）各组代表展示汇报 PPT，介绍任务的完成过程。

2）以小组为单位，对各组的操作过程与操作结果进行自评和互评，并将结果填入表 3-3-6 中。

表 3-3-6　学生评价表

姓名		学号				班级					组别		
实训任务													
评价项目	分值	等级				评价对象（组别）							
		A	B	C	D	1	2	3	4	5	6	7	8
方案合理	20	20	15	10	5								
团队合作	20	20	15	10	5								
工作质量	20	20	15	10	5								
工作规范	20	20	15	10	5								
汇报展示	20	20	15	10	5								
合计	100	各组得分											
总结与反思													

（如：学习过程中遇到什么问题→如何解决的 / 解决不了的原因→心得体会）

笔记栏

>> 教师对学生工作过程与工作结果进行评价，并将评价结果填入表 3-3-7 中。

表 3-3-7　教师对学生评价表

姓名			学号		班级		组别	
实训任务								
评价项目			评价标准				分值	得分
考勤（10%）			无故意迟到、早退和旷课的现象				10	
工作过程（60%）	知识目标	获取信息	掌握工作相关知识				10	
		进行决策	制订工作方案，方案合理可行				10	
	技能目标	任务实施	能够读取有关电机控制器故障码和数据流信息				5	
			能够识别电机控制器电气原理图				5	
			能够使用万用表检测相关端子电压				5	
			能够完成与电机控制器丢失通信故障的诊断与排除				5	
	素养目标	工作态度	认真严谨、积极主动、安全生产、文明施工				5	
		团队合作	与小组成员、同学之间能合作交流、协调工作				5	
		工作质量	能按照工作方案操作，按计划完成工作任务				10	
项目成果（30%）		工作完整	能按时完成工作任务的所有环节				10	
		工作规范	能在整个操作过程中规范操作，避免意外事故的发生				10	
		汇报展示	能准确表达、汇报工作成果				10	
合计							100	
综合评价		学生评价（50%）		教师评价（50%）			综合得分	
综合评语		（作业过程中存在的问题及改进建议）						

情智课堂

新能源车企仍面临"卡脖子"问题

当下新能源汽车已是汽车产业发展的必然方向，我国新能源汽车的核心技术仍有待突破，关键零部件还面临"卡脖子"问题。

根据能源调研机构的数据，电芯销量排名前十名中有中国企业 5 家，市场份额为 43.2%，其中宁德时代市场占有率为 29.9%，位居全球第一。虽然我国在蓄电池正负极材料、隔膜、电解液、制造工艺和高端制造装备等方面重点突破，但是隔膜和高端制造装备现在仍需要进口，属于动力蓄电池"卡脖子"技术。

对于电动汽车而言，蓄电池只是储能用途，真正决定汽车性能的是驱动电机、电控两大技术。驱动电机相当于传统燃油汽车的发动机，性能好坏直接决定了新能源汽车的爬坡、加速、最高速度等主要性能指标和成本。电控系统中的电机控制器，是连接动力蓄电池与驱动电机的电能转换单元，可将动力蓄电池提供的直流电转换为驱动电机需要的交流电，可以说，电控是必不可少的控制核心。目前，我国电动汽车电控系统技术正处于被卡脖子的局面。电机控制器中 IGBT 功率半导体模块与关联电路是核心硬件，其中，IGBT 模块占电控系统成本的 40% 以上，折合到整车，大概占总成本的 5%。如此关键的芯片，目前仍严重依赖进口，进口占比高达 90%。

提到半导体模块，不得不提第三代半导体材料——碳化硅（SiC）。碳化硅具有开关速度快、关断电压高、耐高温能力强等多重优点，比 IGBT 模块具备更多优势。电控系统采用碳化硅芯片后，能在电能转换过程中减少 50% 的热损耗，将大幅度提升电子器件的效率。据估算，采用碳化硅芯片的电动汽车单次充电后，续驶里程可以在现有情况下提升 6%。碳化硅芯片替换硅基 IGBT，已经是大势所趋。但碳化硅制造技术更为艰难，目前碳化硅的制造被美国、欧洲、日本把控，中企还没有形成完整的产业链。目前，国内已有厂家在计划量产碳化硅电驱动系统。例如比亚迪，已投入巨资布局碳化硅，希望将单晶、外延、芯片、封装等碳化硅基半导体全产业链掌握在自己手中。

以碳化硅芯片为代表的汽车芯片、新型芯片与电控系统的结合，将决定电动汽车的下一个 10 年。这一次，能否掌握核心科技，将决定新能源汽车产业是否能够帮助我国在汽车工业上弯道超车。

项目四

智能钥匙系统的故障诊断与排除

任务一　系统解锁无反应的故障诊断与排除

🎯 任务目标

知识目标

1. 掌握比亚迪秦 EV 中控门锁组件安装位置。
2. 掌握比亚迪秦 EV 中控门锁开关的工作原理。
3. 掌握比亚迪秦 EV 中控门锁 ECU 检测方法。

技能目标

1. 能正确使用故障诊断仪读取中控门锁系统数据流，并分析、判断异常数据流的原因。
2. 能正确读取比亚迪秦 EV 车门系统电气原理图并进行控制电路的测量。
3. 能独立完成比亚迪秦 EV 系统解锁无反应的故障诊断与排除。

素养目标

1. 认真严谨、积极主动、安全生产、文明施工。
2. 与小组成员、同学之间能合作交流、协调工作。
3. 获得分析问题和解决问题的基本方法。
4. 积极主动与小组成员交流、讨论学习成果，取长补短，完成自我提升。

✈ 任务框图

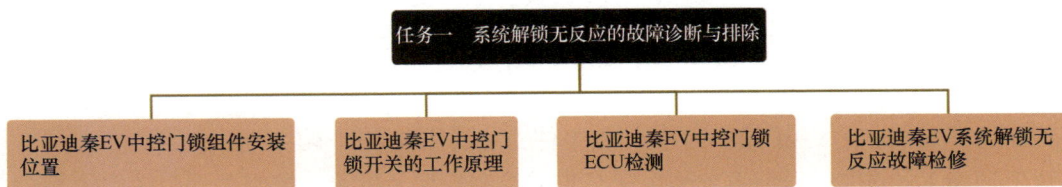

任务导入

2022 年 7 月 28 日，一辆雷克萨斯 LM300h 在某高速上发生交通事故，因全车车门锁死致使车内被困乘员未能全部被施救人员顺利救出，最终导致车内乘员一死两伤。对于车门上锁，在正常的高速行驶时可以有效保护车内人员，但遇到事故时打不开车门会导致非常严重的后果，因此关于车门智能上锁故障排查是十分有必要的。某秦 EV 车主距离车外 1.5m 范围内，按下一键启动，发现左前门车门无法打开，解锁无反应，请问作为专业的技术维修人员，该如何解决该问题呢？

任务分组

学生任务分配表见表 4-1-1。

表 4-1-1　学生任务分配表

班　级		组　号		指导教师	
组　长		学　号			
组　员	姓名：＿＿＿＿＿　学号：＿＿＿＿＿ 姓名：＿＿＿＿＿　学号：＿＿＿＿＿ 姓名：＿＿＿＿＿　学号：＿＿＿＿＿ 姓名：＿＿＿＿＿　学号：＿＿＿＿＿			姓名：＿＿＿＿＿　学号：＿＿＿＿＿ 姓名：＿＿＿＿＿　学号：＿＿＿＿＿ 姓名：＿＿＿＿＿　学号：＿＿＿＿＿ 姓名：＿＿＿＿＿　学号：＿＿＿＿＿	
任　务　分　工					

（就组织讨论、工具准备、数据采集、数据记录、安全监督、成果展示等工作内容进行任务分工）

获取信息

❓ 引导问题 1：请简要回答，比亚迪秦 EV 中控门锁系统由什么模块控制？操作方式分为几种？

＿＿＿＿＿＿＿＿＿＿＿＿＿＿＿＿＿＿＿＿＿＿＿＿＿＿＿＿＿＿＿＿＿＿＿＿＿＿

＿＿＿＿＿＿＿＿＿＿＿＿＿＿＿＿＿＿＿＿＿＿＿＿＿＿＿＿＿＿＿＿＿＿＿＿＿＿

知识点提示

比亚迪秦 EV 中控门锁组件安装位置

比亚迪秦 EV 配有中控门锁，中控门锁组件安装的位置如图 4-1-1 所示。

比亚迪秦 EV 的中控门锁系统是由车身集成控制模块（BCM）控制电动门锁解锁 / 闭锁的系统，其操作方式有以下三种：

1）按下左前玻璃升降器开关组上的门锁总开关，发送解锁/闭锁请求信号给 BCM，BCM 接收并处理开关信号，驱动相应的门锁电动机解锁/闭锁。

2）按下微动开关，发送解锁/闭锁请求信号给 BCM，BCM 接收并处理开关信号，驱动相应的门锁电动机解锁/闭锁。

3）遥控钥匙解锁/闭锁，I-key ECU 发送解锁/闭锁信号给 BCM，BCM 接收信号并驱动相应的门锁电动机解锁/闭锁。图 4-1-2 所示为比亚迪秦 EV 中控门锁系统框图。

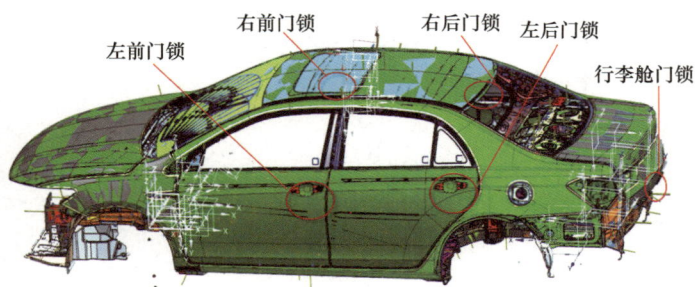

图 4-1-1　比亚迪秦 EV 中控门锁组件安装的位置

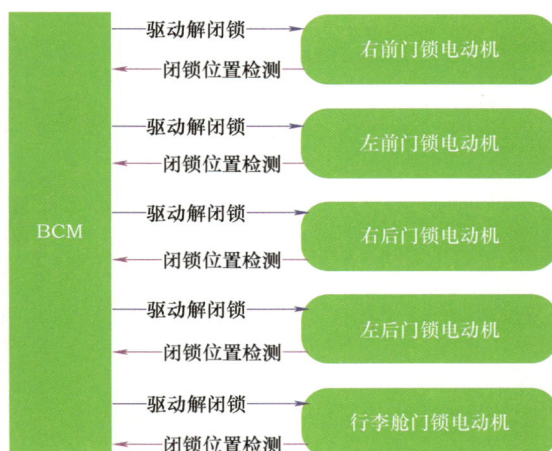

图 4-1-2　比亚迪秦 EV 中控门锁系统框图

❓ 引导问题 2：当某车主驾驶比亚迪秦 EV 时，车速为 100km/h，如果车主不小心操作了左前门的中控门锁解锁开关，请问此时其他的车门会被解锁吗？

_____

_____

💡 知识点提示

比亚迪秦 EV 中控门锁开关的工作原理

比亚迪秦 EV 的中控门锁开关安装在驾驶人侧车门及前排乘员侧车门处，这两个开关都可以将所有的车门闭锁或解锁。如图 4-1-3 所示，1 表示中控锁闭锁，按下此键，四车门门锁同时闭锁。2 表示中控锁解锁，按下此键，四车门门锁同时解锁。

比亚迪秦 EV 中控门锁的主要特点表现在以下几方面：当车速超过 20km/h 时，所有车门将自动落锁；关闭车辆起动开关后或车辆挂驻车档后，所有车门自动解锁；车辆遭受强烈撞击时，所有车门将自动解锁，是否自动解锁根据具体撞击力度和事故类型而定。它的功能是可以进行中央控制、速度控制和单独控

图 4-1-3　2020 款比亚迪秦 EV 中控门锁开关

制。具体地说，就是当驾驶人锁住其身边的车门时，其他车门同时锁住，驾驶人可通过门锁开关同时打开各个车门，也可单独打开某个车门；当行车速度达到一定时，各个车门能自行锁上，防止乘员误操作车门把手而导致车门打开；除在驾驶人身边车门以外，还在其他门设置单

独的弹簧锁开关，可独立地控制一个车门门锁的解锁和闭锁。

进行中控锁故障诊断时，可以参考左前门门锁电气原理图与左前门门锁解锁／闭锁电气原理图，如图 4-1-4 和图 4-1-5 所示。

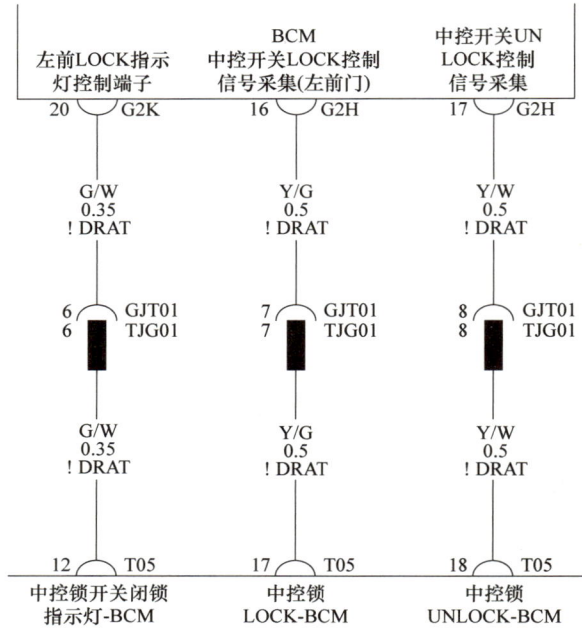

左前LOCK指示灯控制端子	BCM 中控开关LOCK控制信号采集(左前门)	中控开关UNLOCK控制信号采集
20　G2K	16　G2H	17　G2H
G/W 0.35 ! DRAT	Y/G 0.5 ! DRAT	Y/W 0.5 ! DRAT
6　GJT01 6　TJG01	7　GJT01 7　TJG01	8　GJT01 8　TJG01
G/W 0.35 ! DRAT	Y/G 0.5 ! DRAT	Y/W 0.5 ! DRAT
12　T05	17　T05	18　T05
中控锁开关闭锁指示灯-BCM	中控锁LOCK-BCM	中控锁UNLOCK-BCM

图 4-1-4　左前门门锁电气原理图

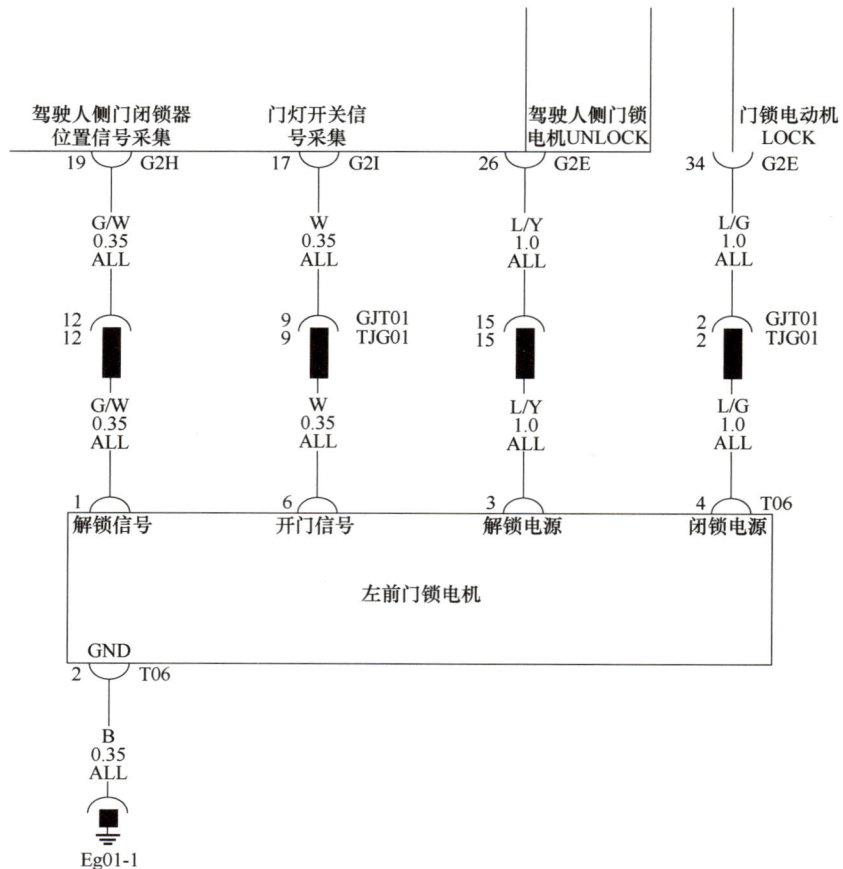

驾驶人侧门闭锁器位置信号采集	门灯开关信号采集	驾驶人侧门锁电机UNLOCK	门锁电动机LOCK
19　G2H	17　G2I	26　G2E	34　G2E
G/W 0.35 ALL	W 0.35 ALL	L/Y 1.0 ALL	L/G 1.0 ALL
12　 12	9　GJT01 9　TJG01	15　 15	2　GJT01 2
G/W 0.35 ALL	W 0.35 ALL	L/Y 1.0 ALL	L/G 1.0 ALL
1	6	3	4　T06
解锁信号	开门信号	解锁电源	闭锁电源

左前门锁电机

GND
2　T06

B
0.35
ALL

Eg01-1

图 4-1-5　左前门门锁解锁／闭锁电气原理图

❓ 引导问题 3： 比亚迪秦 EV 四个车门在解锁瞬间、闭锁瞬间和开锁瞬间三种情况下的端子电压值分别是多少？

_____

_____

💡 知识点提示

比亚迪秦 EV 中控门锁 ECU 检测

从 BCM G2K、G2I、K2G、G2E、G2H 后端引线，检测各端子的电压或电阻，将测量结果与表 4-1-2 进行对照。

表 4-1-2　与中控门锁相关的端子正常值对照表

端子号	端子描述	条件	正常值 /V
G2E-26- 车身地	左前门锁电动机开锁驱动	左前门解锁瞬间	11~14
G2E-34- 车身地	左前门锁电动机闭锁驱动	左前门闭锁瞬间	11~14
G2H-19- 车身地	左前门门锁位置反馈	左前门门锁开锁	小于 1
G2E-33- 车身地	右前门锁电动机开锁驱动	右前门解锁瞬间	11~14
G2E-35- 车身地	右前门锁电动机闭锁驱动	右前门闭锁瞬间	11~14
G2H-20- 车身地	右前门门锁位置反馈	右前门门锁开锁	小于 1
K2G-6- 车身地	左后门锁电动机开锁驱动	左后门锁解锁瞬间	11~14
K2G-8- 车身地	左后门锁电动机闭锁驱动	左后门锁闭锁瞬间	1~14
G2J-9- 车身地	左后门门锁位置反馈	左后门门锁开锁	小于 1
K2G-7- 车身地	右后门锁电动机开锁驱动	右后门解锁瞬间	11~14
K2G-9- 车身地	右后门锁电动机闭锁驱动	右后门闭锁瞬间	11~14
G2J-10- 车身地	右后门门锁位置反馈	右后门门锁开锁	小于 1
K2G-10- 车身地	行李舱门锁解锁驱动	行李舱门解锁瞬间	11~14

👥 进行决策

1）各组派代表阐述资料查询结果。

2）各组就各自的查询结果进行交流并分享技巧。

3）教师结合各组完成的情况进行点评并选出最佳方案。

任务实施

安全要求及注意事项见表 4-1-3，设备及工具清点表见表 4-1-4。

表 4-1-3　安全要求及注意事项

安全要求及注意事项
1）实训开始前，提前准备好需要使用的个人防护用品，并检查是否符合使用标准。 2）实训开始前，提前做好场地防护，设置警告标识，在操作位置布置好绝缘防护措施。 3）检查实训场地和设备设施是否清洁及存在安全隐患，配电箱、插座是否符合用电需求，如不正常应汇报老师并进行处理。 4）记录车辆铭牌信息，并做好检测结果记录。 5）实训结束后，必须清理场地和设备，撤除警示标识。

表 4-1-4　设备及工具清点表

设备及工具名称	数量	清点
比亚迪秦 EV	1 辆	□清点
道通 MS908E 汽车故障诊断仪	1 个	□清点
数字万用表	1 个	□清点
万用接线盒	1 个	□清点
工位防护套装	1 套	□清点
饰板拆装专用工具	1 套	□清点
个人防护套装	2 套	□清点

比亚迪秦 EV 系统解锁无反应故障检修

1. 比亚迪秦 EV 左前门门锁总开关故障检修

1）连接故障诊断仪，清除 BCM 中的故障码。

2）读取 BCM 是否还有故障码。BCM 故障码对应含义见表 4-1-5。

表 4-1-5　BCM 故障码对应含义

故障码	含义
B224007	驾驶人侧门锁钥匙锁芯开关故障
B224107	驾驶人侧门锁总开关故障

3）有故障码，则更换左前门锁开关。

4）检查左前门锁开关 CAN 通信，断开左前门锁开关插接器 T05，检查线束端子对应的电压，将检测结果与表 4-1-6 中数据进行对照。

表 4-1-6　线束端子对应电压

端子号	线色	正常值 /V
T05-17- 车身地	V	约 2.5
T05-18- 车身地	P	约 2.5

5）与数据不一致，则更换舒适 CAN 线束。

6）更换 BCM。

2. 比亚迪秦 EV 左前门不能解锁 / 闭锁检修

1）拆卸左前门门锁电动机，给门锁电动机通电，检查电动机是否工作。门锁电动机相关端子对照表见表 4-1-7。

表 4-1-7　门锁电动机相关端子对照表

端子	条件	标准值
T06-3-T06-4	T06-3- 蓄电池（＋）T06-4- 蓄电池（－）	电动机解锁
T06-3-T06-4	T06-4- 蓄电池（＋）T06-3- 蓄电池（－）	电动机闭锁

2）门锁电动机不工作，则更换或维修门锁电动机。

3）门锁电动机正常工作，则检查门锁电动机线束。

4）断开左前门门锁电动机 T06 端子，断开 BCM G2I、G2H、G2E 插接器，检查各线束端子的电阻值。表 4-1-8 所示为门锁电动机端子 T06 对应电阻值。

表 4-1-8　门锁电动机端子 T06 对应电阻值

端子	线色	正常值 /Ω
T06-3-G2E-26	Y/G	小于 1
T06-4-G2E-34	R/G	小于 1
T06-1-G2H-19	W/B	小于 1
T06-6-G2I-17	Y	小于 1
T06-2- 车身地	B	小于 1

5）若测量的结果与表 4-1-8 中的数值不相符，则更换线束或接插件。

6）若测量的结果与表 4-1-8 中的数值相符，则检查 BCM。

7）在 BCM G2EL 后端引线处检测其各端子的电压值，正常值见表 4-1-9。

表 4-1-9　G2EL 后端引线处测得其各端子的电压正常值

端子	条件	正常值 /V
G2E-34- 车身地	门锁控制开关打到 LOCK	≤11~14
G2E-26- 车身地	门锁控制开关打到 UNLOCK	≤11~14

8）若测量结果数值与表 4-1-8 中数值不相符，则更换 BCM。

评价反馈

1）各组代表展示汇报 PPT，介绍任务的完成过程。

2）以小组为单位，对各组的操作过程与操作结果进行自评和互评，并将结果填入表 4-1-10 中。

表 4-1-10　学生评价表

姓名		学号			班级			组别				
实训任务												
评价项目	分值	等级				评价对象（组别）						
		A	B	C	D	1	2	3	4	5	6	7	8
方案合理	20	20	15	10	5								
团队合作	20	20	15	10	5								
工作质量	20	20	15	10	5								
工作规范	20	20	15	10	5								
汇报展示	20	20	15	10	5								
合计	100	各组得分											
总结与反思													

（如：学习过程中遇到什么问题→如何解决的 / 解决不了的原因→心得体会）

>> 教师对学生工作过程与工作结果进行评价，并将评价结果填入表 4-1-11 中。

表 4-1-11　教师对学生评价表

姓名			学号		班级		组别	
	实训任务							
	评价项目		评价标准				分值	得分
	考勤（10%）		无故意迟到、早退和旷课的现象				10	
工作过程（60%）	知识目标	获取信息	掌握工作相关知识				10	
		进行决策	制订工作方案，方案合理可行				10	
	技能目标	任务实施	能够识别左前门门锁解锁 / 闭锁电气原理图				5	
			能够识别左前门门锁电气原理图				5	
			能够完成比亚迪秦 EV 左前门门锁总开关故障的诊断与排除				5	
			能够完成比亚迪秦 EV 左前门不能解锁 / 闭锁故障的诊断与排除				5	
	素养目标	工作态度	认真严谨、积极主动、安全生产、文明施工				5	
		团队合作	与小组成员、同学之间能合作交流、协调工作				5	
		工作质量	能按照工作方案操作，按计划完成工作任务				10	
项目成果（30%）		工作完整	能按时完成工作任务的所有环节				10	
		工作规范	能在整个操作过程中规范操作，避免意外事故的发生				10	
		汇报展示	能准确表达、汇报工作成果				10	
			合计				100	
综合评价		学生评价（50%）		教师评价（50%）		综合得分		
综合评语		（作业过程中存在的问题及改进建议）						

任务二　一键起动系统的故障诊断与排除

任务目标

知识目标

1. 掌握识读一键起动电气原理图的方法。
2. 掌握起动过程信息处理流程。
3. 掌握一键起动的必要条件。

技能目标

1. 能够阅读一键起动电路图。
2. 能正确测量一键起动开关性能的好坏。
3. 能正确测量起动开关信号电压。
4. 能够进行实车一键起动开关的拆装。

素养目标

1. 认真严谨、积极主动、安全生产、文明施工。
2. 与小组成员、同学之间能合作交流、协调工作。
3. 获得分析问题和解决问题的基本方法。
4. 积极主动与小组成员交流、讨论学习成果，取长补短，完成自我提升。

任务框图

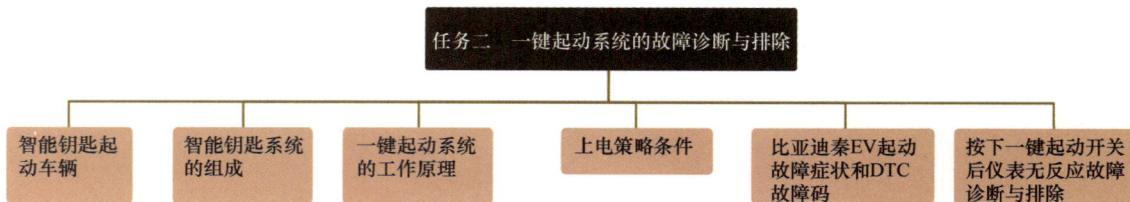

任务二　一键起动系统的故障诊断与排除

- 智能钥匙起动车辆
- 智能钥匙系统的组成
- 一键起动系统的工作原理
- 上电策略条件
- 比亚迪秦EV起动故障症状和DTC故障码
- 按下一键起动开关后仪表无反应故障诊断与排除

任务导入

小王买了一辆比亚迪秦EV，驾驶一段时间后，按压一键起动开关进行上电，发现车辆仪表无显示，车辆无法上电，小王决定去4S店维修。如果你是维修人员，请问该如何诊断车辆低压系统一键起动故障呢？

任务分组

学生任务分配表见表 4-2-1。

表 4-2-1　学生任务分配表

班　级		组　号		指导教师	
组　长		学　号			
组　员	姓名：_____　学号：_____		姓名：_____　学号：_____		
	姓名：_____　学号：_____		姓名：_____　学号：_____		
	姓名：_____　学号：_____		姓名：_____　学号：_____		
	姓名：_____　学号：_____		姓名：_____　学号：_____		
任务分工					

（就组织讨论、工具准备、数据采集、数据记录、安全监督、成果展示等工作内容进行任务分工）

获取信息

引导问题 1：小王使用智能钥匙开车门，在离车多远的范围内车钥匙起动车辆有效？（小王的车为比亚迪秦 EV）

_____

_____

知识点提示

智能钥匙起动车辆

比亚迪秦 EV 配置有无钥匙进入及一键起动系统，即智能钥匙系统。驾驶人只需手持智能钥匙，在距离车门 1.5m 的范围内向车内控制器发出指令，即可实现远程解锁车门、上电和起动等操作。整个系统通过一个 BCM 控制，当 BCM 探测到智能钥匙在探测区域范围内，对钥匙进行探测与验证，并发送运行的信号给相关执行动作的电控单元（ECU），完成整个系统工作。探测系统是由六个探测天线总成（车内 3 个，车外 3 个）和一个集成在控制器内的高频接收模块组成的，探测车内有效范围及车外最远 1.5m 的范围，如图 4-2-1 所示。

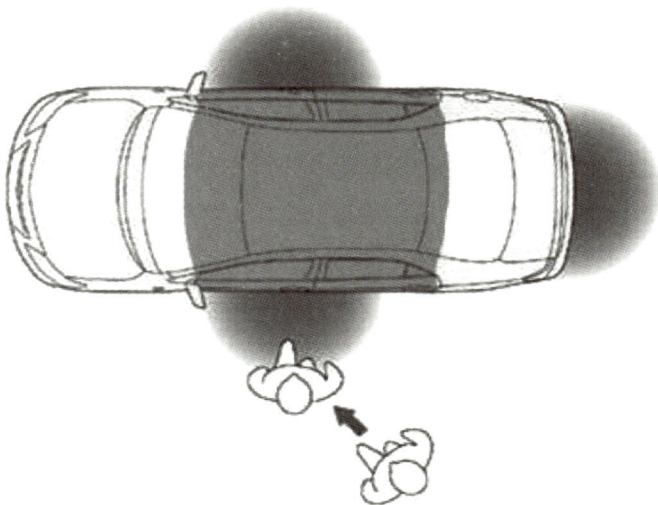

图 4-2-1　智能钥匙起动车辆

❓ 引导问题 2：请查阅相关资料，说说比亚迪秦 EV 的智能钥匙系统有哪些部件。

_____

_____

_____

_____

💡 知识点提示

智能钥匙系统的组成

比亚迪秦 EV 智能钥匙系统主要由左前门把手总成、keyless 模块、中央集控器（BCM）、一键起动开关、三个室内天线、三个室外天线、VCU 和智能钥匙等组成，如图 4-2-2 所示。各主要部件功能如下：

1）一键起动开关：当一键起动开关信号传输至 keyless 模块时，一键起动开关上的绿色 / 黄色指示灯会告知驾驶人系统正常或系统存在异常情况。当智能钥匙电池电量低时，车身内的探测天线向 keyless 模块发送信号，keyless 模块通过网关控制器与仪表模块通信，仪表同时会显示"检测不到钥匙"。若仪表出现"检测不到钥匙"，只需拿钥匙靠近一键起动开关按钮，按下开关即可完成车辆上电。

2）智能钥匙：接收来自室外和室内天线的信号，并将射频信号传送给 keyless 模块。

3）智能钥匙系统控制器：依照从开关和天线的信号，控制无钥匙进入和起动系统。

图 4-2-2　智能钥匙系统的主要组成部件

❓ 引导问题 3：请查阅相关资料，说说比亚迪秦 EV 一键起动切换的规律是什么。

_____

_____

💡 知识点提示

一键起动系统的工作原理

1. 起动步骤

一键起动切换规律：当不踩制动踏板，按下一键起动开关时，电源模式为 OFF 档，仪表同时显示"请踩下制动踏板"，仪表无前台信息显示。当踩下制动踏板，按下一键起动开关时，电源模式切换变化为 ON 档，仪表正常显示"OK"灯，动力蓄电池组 SOC 灯亮，即正在高压上电。

2. 信号传输

驾驶人手持合法的智能钥匙靠近左前门 1.5m 范围内，车外探测天线检测到低频信号传输给 BCM；驾驶人按下左前门微动开关后，BCM 驱动左前门锁电动机解锁；驾驶人进入驾驶室踩下制动踏板，按下起动开关，BCM 驱动车内天线发出低频信号寻找钥匙，当钥匙遥控器收到信息认证后发出信号回应车辆，BCM 通过动力 CAN 网络系统与 VCU 通信验证，若所有信息有效，BCM 将控制相关 IG 继电器以起动车辆。图 4-2-3 所示为智能钥匙系统框图，图 4-2-4 所示为一键起动系统电气原理图。

❓ 引导问题 4：请查阅相关资料，说说比亚迪秦 EV 上电成功的条件有哪些。

_____

_____

_____

_____

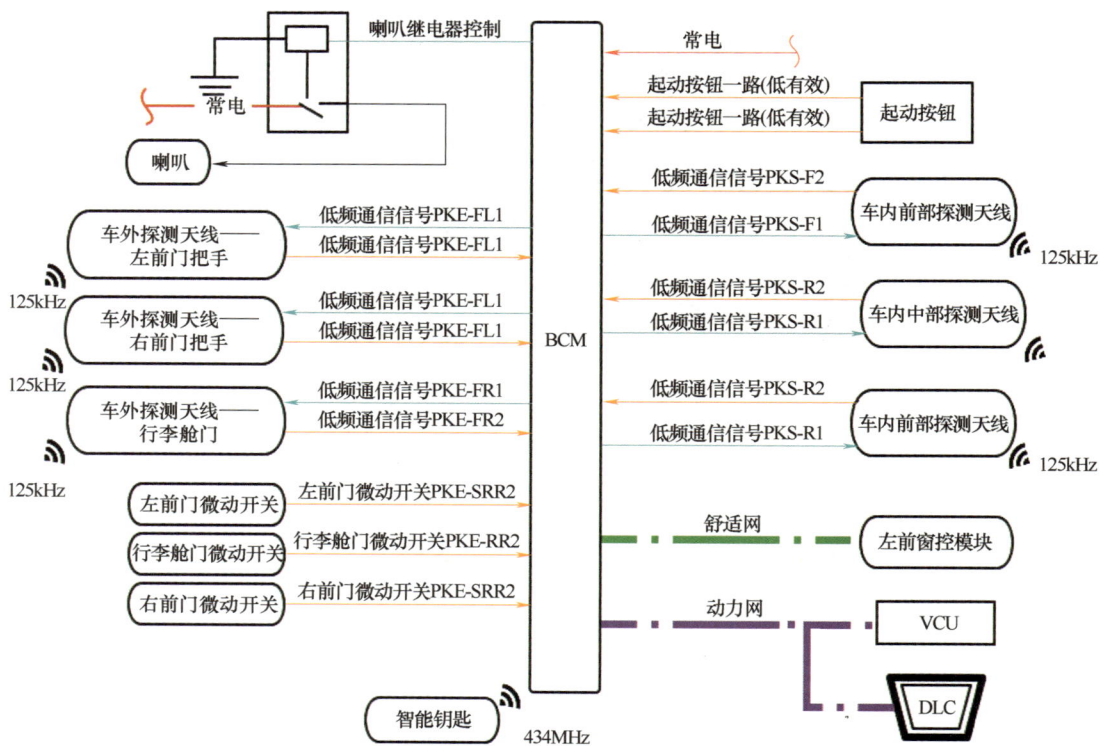

图 4-2-3　智能钥匙系统框图

知识点提示

上电策略条件

上电策略的条件如下：

第一，低压供电系统正常。常电、双路电在 ON 档条件下，电压在 9~16V 之间为正常。汽车电路中"常电"指的是不受任何开关、继电器等控制的电路，例如双闪灯就是常电。"双路电"指一个负载有两个电源供电，两个电源之间可以切换，在其中一个电源失电的情况下可以切换到另一个电源供电。前机舱配电电气原理图如图 4-2-5 所示。

第二，发动机防盗认证通过。汽车的一键起动防盗认证指的是发动机没有检测到智能钥匙，这样汽车就点不了火。出现这种状况的原因大部分是因为智能钥匙没有电了或者是接收模块出了故障，也可能是存在一些外界干扰。例如附近磁场紊乱导致传递的信号混乱，防盗控制系统和发动机控制系统之间的通信出现故障，无法正常传递信号。智能钥匙系统电气原理图如图 4-2-6 所示。

第三，制动踏板信号、档位信号有效。制动踏板、档位电气原理图如图 4-2-7 所示。

第四，高压互锁连接完整。高压互锁电路如图 4-2-8 所示。

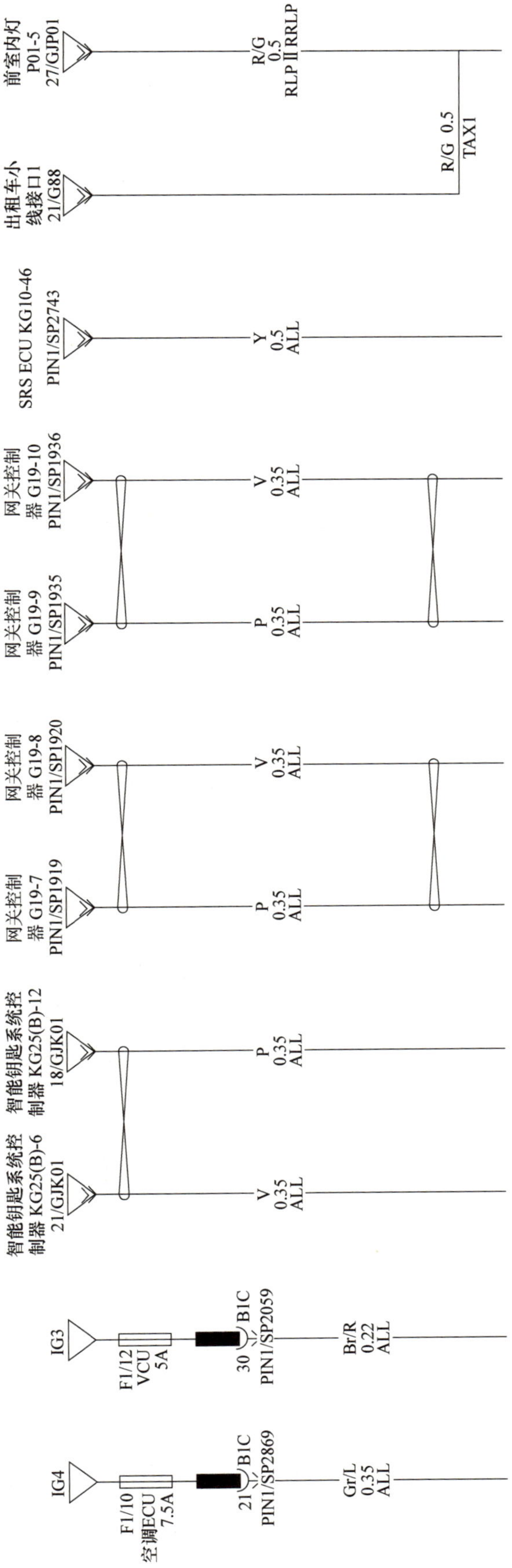

图 4-2-4　一键起动系统电气原理图

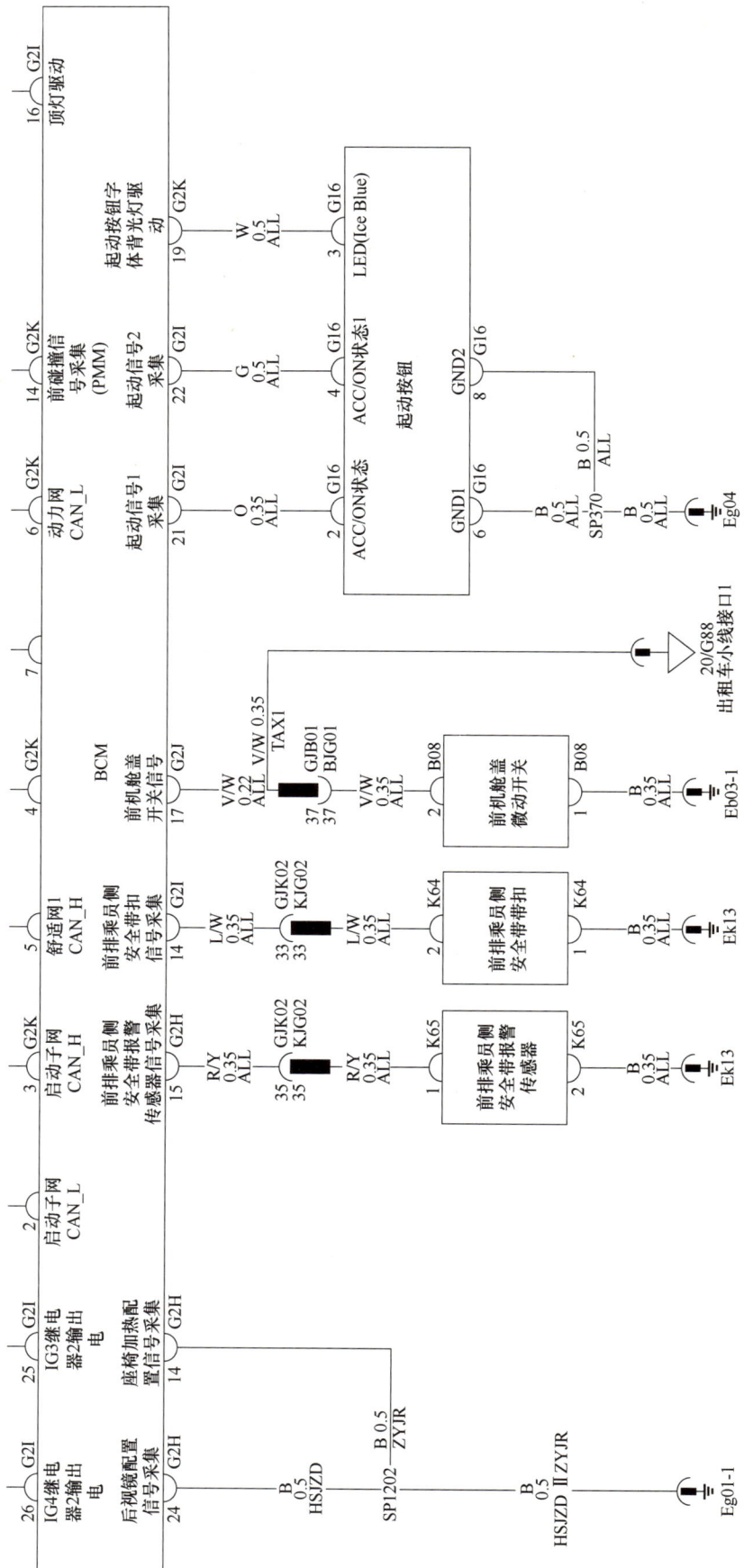

图 4-2-4　一键起动系统电气原理图（续）

图 4-2-5 前机舱配电气原理图

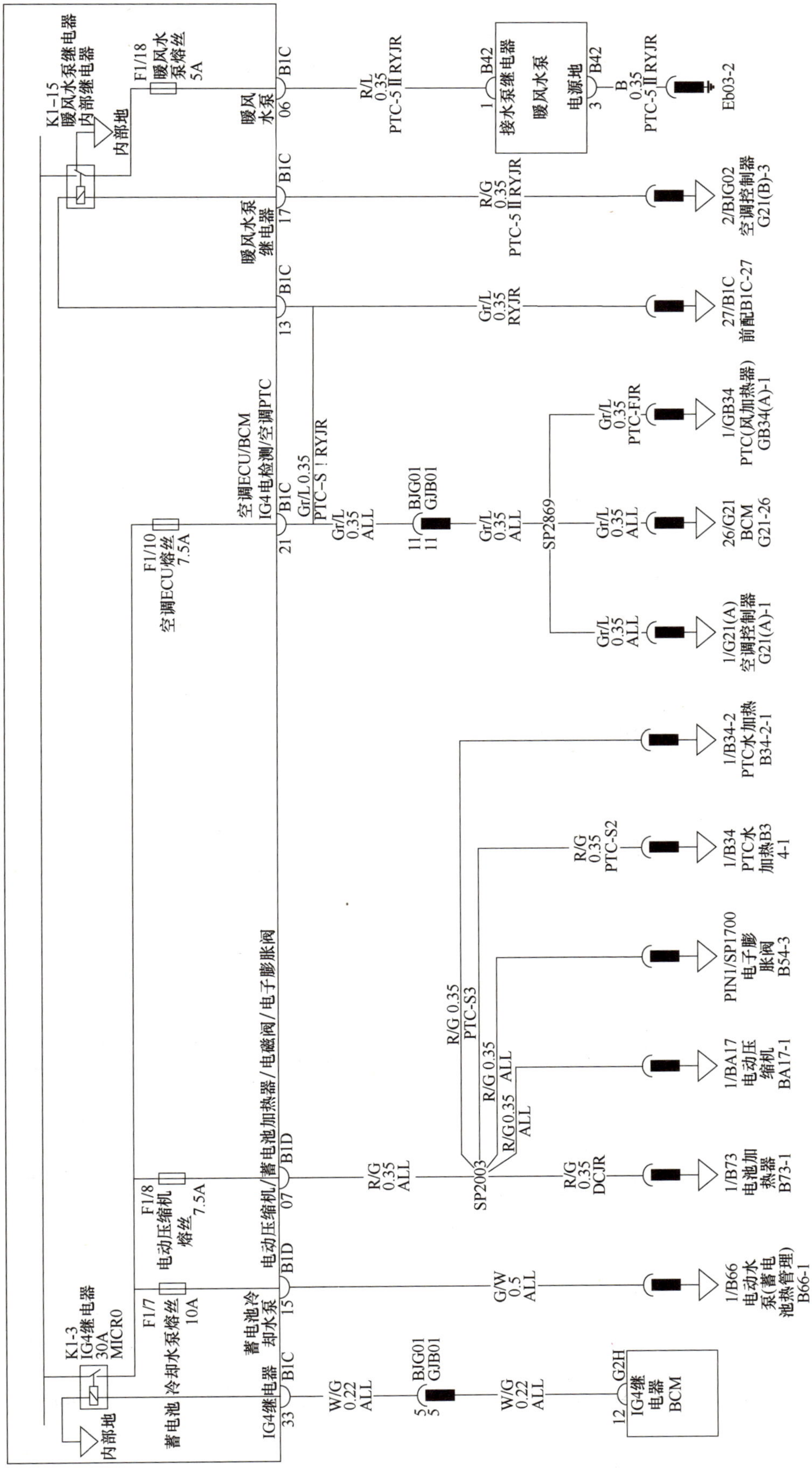

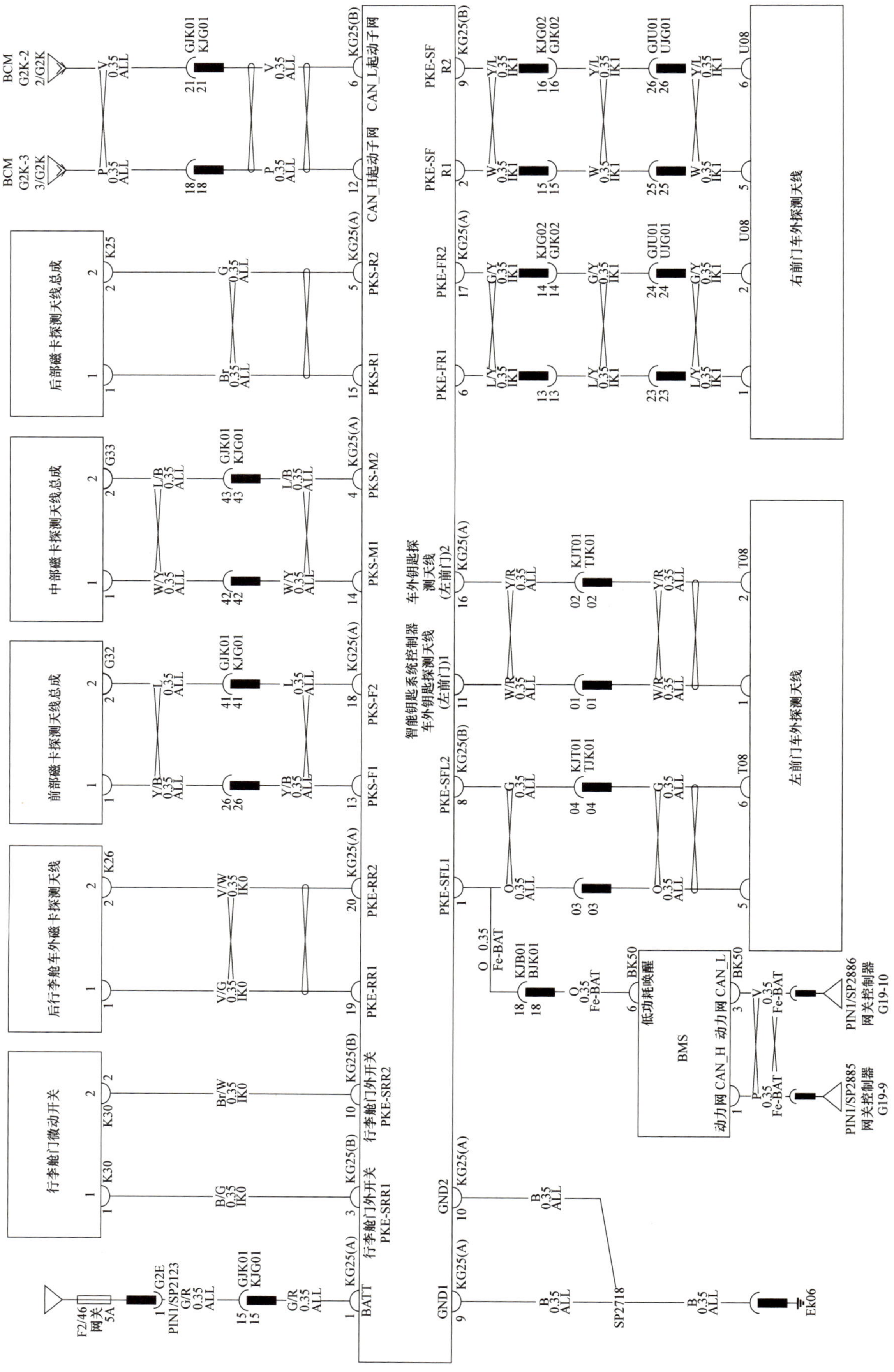

图 4-2-6　智能钥匙系统电气原理图

VCU
15/GK49

F2/4
制动灯
10A

IG1

F2/33
模块IG1
7.5A

BCM
G2H-10
PIN1/SP1221

网关控制
器 G19-9
PIN1/SP1929

网关控制
器 G19-10
PIN1/SP1930

W/L
0.35
ALL

36　G2E

20　G2D
PIN1/SP2121

R/G
0.22
ALL

P
0.35
ALL

V
0.35
ALL

SP1822

Y/G
0.5
ALL

R/L
0.35
ALL

W/L
0.5
ALL

3　G28

4　G28

1　G39

3　G39

7　G39

8　G39

接BCM/ESP

常电

IGN

背光+

动力网
CAN-H

动力网
CAN-L

制动灯开关

接BCM

接地

档位传感器

1　G28

2　G28

信号地1

背光−

9　G39

16　G39

B
0.5
ALL

B
0.5
ALL

B
0.22
ALL

Eg01-1

Eg04
PIN1/SP2841

PIN1/SP300
组合仪表
G01-21

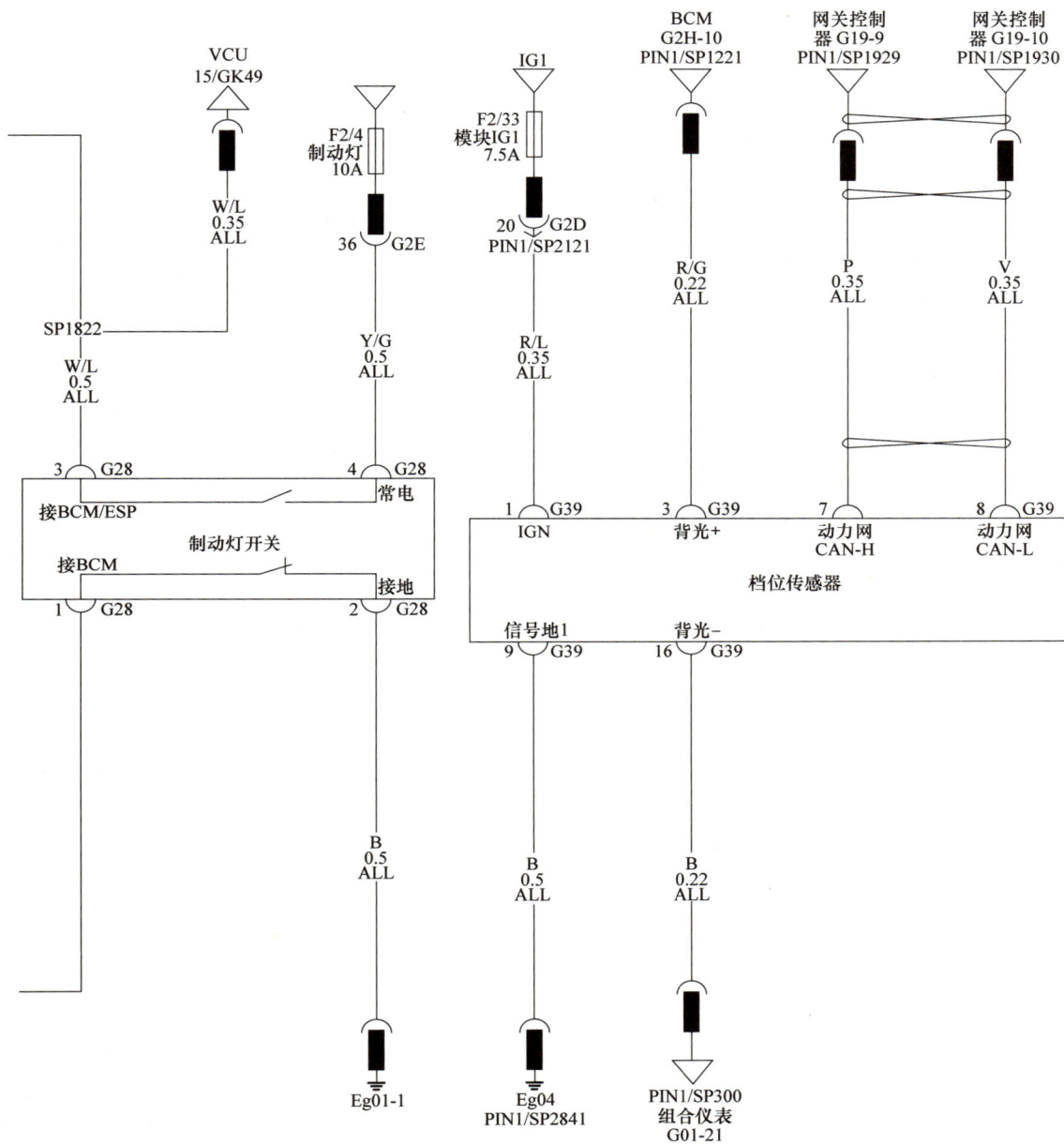

图 4-2-7　制动踏板、档位电气原理图

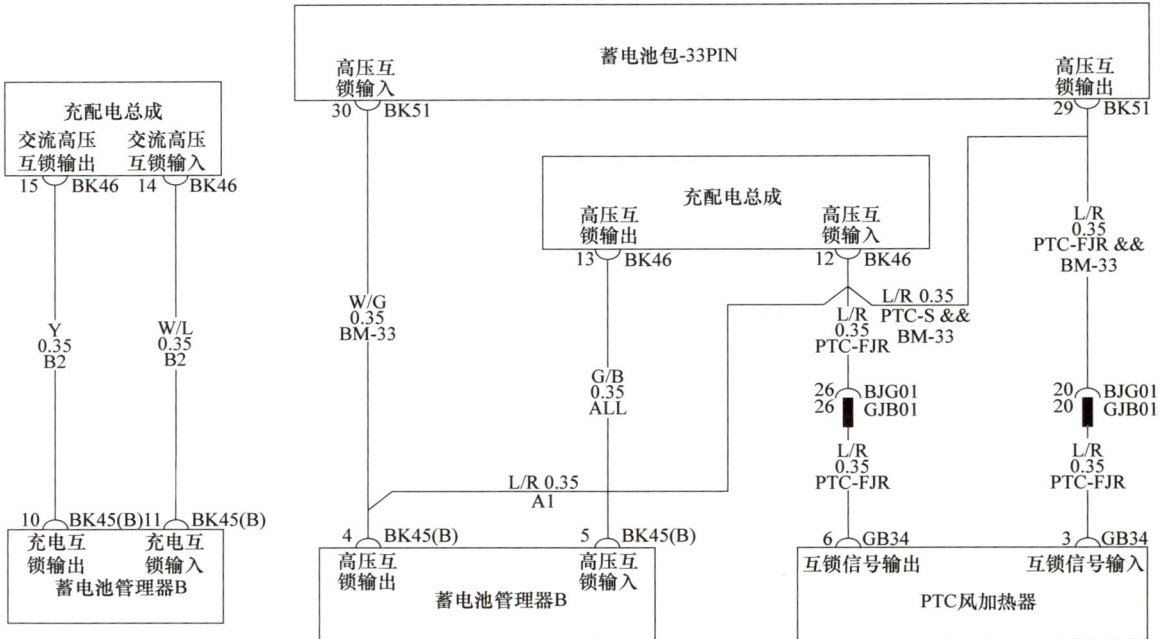

图 4-2-8　高压互锁电路

第五，BMC 通过自检，预充完成。BMC 预充电路如图 4-2-9 所示。

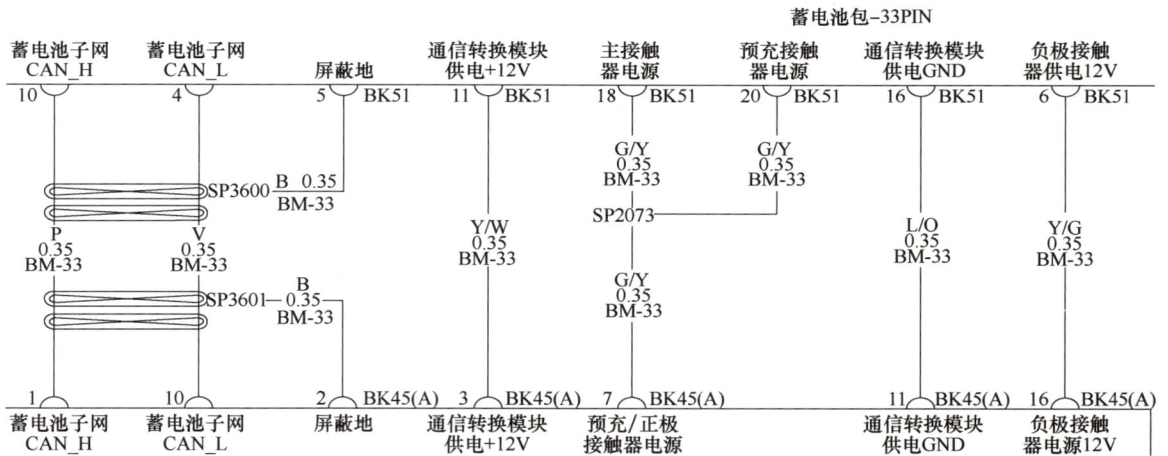

图 4-2-9　BMC 预充电路

比亚迪秦 EV 起动故障症状和 DTC 故障码

不同车型故障码不同，以比亚迪秦 EV 为例，故障症状表和 DTC 故障对照见表 4-2-2 和表 4-2-3。

表 4-2-2 故障症状表

故障症状	可疑部位
电子智能钥匙的所有遥控功能不工作（持有合法钥匙，且在遥控区域内）	电子智能钥匙、BCM、线束或插接器
遥控功能正常，但操作左前门微动开关无动作（持有合法钥匙，且在探测区域内）	左前门把手微动开关、左前门把手探测天线、BCM、线束或插接器
遥控功能正常，但操作右前门微动开关无动作（持有合法钥匙，且在探测区域内）	右前门把手微动开关、右前门把手探测天线、BCM、线束或插接器
遥控功能正常，但操作车后微动开关无动作（持有合法钥匙，且在探测区域内）	车后微动开关、车后探测天线、BCM、线束或插接器
车内探测天线无法识别钥匙（持有合法钥匙，且在探测区域内）	车内探测天线（前、中、后）、BCM、线束或插接器
无电模式下起动不能正常工作	起动按钮、智能钥匙、线束或插接器

表 4-2-3 DTC 故障对照

DTC	故障描述	故障范围
B229D-16	高频接收器模块供电过低故障	BCM
		线束或插接器
B229D-17	高频接收器模块供电过高故障	BCM
		线束或插接器
B2298-96	读卡器模块内部天线故障	车内多功能（前部）探测天线
B227C13	车内前部探测天线断路故障	车内前部探测天线
		线束或插接器
B227D13	车内中部探测天线断路故障	车内中部探测天线
		线束或插接器
B227E13	车内后部探测天线断路故障	车内后部探测天线
		线束或插接器
B22A713	车外左前探测天线断路故障	车外左前探测天线
		线束或插接器
		BCM
B22A613	车外右前探测天线断路故障	车外右前探测天线
		线束或插接器
B22A813	车外行李舱探测天线断路故障	车外行李舱探测天线
		线束或插接器
B22A016	低频天线驱动供电过低故障	低频天线
		线束或插接器
B22A017	低频天线驱动供电过高故障	低频天线
		线束或插接器
B227B00	转向轴锁不匹配故障	未匹配
B22AB00	ECM 不匹配故障	ECM/VCU
		未匹配

进行决策

1）各组派代表阐述资料查询结果。

2）各组就各自的查询结果进行交流并分享技巧。

3）教师结合各组完成的情况进行点评并选出最佳方案。

任务实施

安全要求及注意事项见表4-2-4，设备及工具清点表见表4-2-5。

表4-2-4　安全要求及注意事项

安全要求及注意事项	
1）实训开始前，提前准备好需要使用的个人防护用品，并检查是否符合使用标准。 2）实训开始前，提前做好场地防护，设置警告标识，在操作位置布置好绝缘防护措施。	3）检查实训场地和设备设施是否清洁及存在安全隐患，配电箱、插座是否符合用电需求，如不正常请汇报老师并进行处理。 4）记录车辆铭牌信息，并做好检测结果记录。 5）实训结束后，必须清理场地和设备，撤除警示标识。

表4-2-5　设备及工具清点表

设备及工具名称	数量	清点
比亚迪秦EV整车	1辆	□清点
道通MS908E汽车故障诊断仪	1个	□清点
数字万用表	1个	□清点
万用接线盒	1个	□清点
工位防护套装	1套	□清点
饰板拆装专用工具	1套	□清点
个人防护套装	2套	□清点

按下一键起动开关后仪表无反应故障诊断与排除

1. 故障现象

一位比亚迪秦EV车主反映遥控钥匙解锁车辆后，反复踩住制动踏板，一键起动指示灯不亮，按下一键起动开关车辆还是无反应，仪表无反应，如图4-2-10所示。

2. 故障分析

解锁车辆起动时发现踩制动踏板后按下一键起动开关无任何反应，当一键起动开关按下无动作时，应首先检查制动灯是否亮以及观察一键起动指示灯是否亮。然后观察仪表状态，仪表有显示起动

图4-2-10　比亚迪秦EV一键起动开关

按钮故障，排除是全车无电造成起动开关无反应，首先怀疑开关供电电源异常或一键起动开关损坏。

当发现一键起动指示灯不亮，导致一键起动开关无反应的故障原因有开关电路故障、一键起动开关本体损坏故障等，如图 4-2-11 所示。

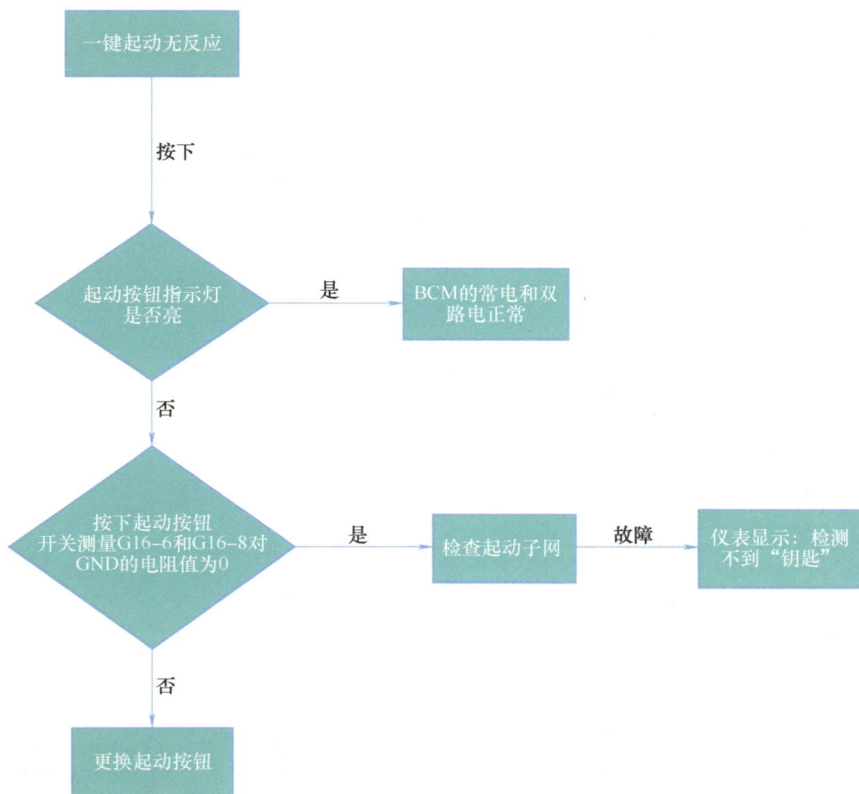

```
          ┌──────────────┐
          │  一键起动无反应  │
          └──────┬───────┘
                 │ 按下
                 ▼
          ╱────────────╲              ┌──────────────┐
         ╱ 起动按钮指示灯 ╲    是      │ BCM的常电和双  │
         ╲ 是否亮        ╱ ───────▶  │ 路电正常       │
          ╲────────────╱             └──────────────┘
                 │ 否
                 ▼
      ╱──────────────────╲          ┌──────────┐        ┌──────────────┐
     ╱ 按下起动按钮         ╲   是    │          │  故障  │ 仪表显示：检测 │
    ╱ 开关测量G16-6和G16-8对 ╲──────▶│ 检查起动子网│──────▶│ 不到"钥匙"    │
    ╲ GND的电阻值为0         ╱        └──────────┘        └──────────────┘
     ╲──────────────────╱
                 │ 否
                 ▼
          ┌──────────────┐
          │  更换起动按钮  │
          └──────────────┘
```

图 4-2-11　一键起动按钮无反应检查流程图

3. 故障诊断

1）当出现踩下制动踏板仪表无反应时，首先应检查车辆辅助蓄电池电压是否过低。

2）打开前机舱盖，测量辅助蓄电池的静态电压，电压为 12.26V，正常，标准值为 12V，如图 4-2-12 所示。

3）查询电气原理图，测量 G16 的端子 2 与 6 之间的电压和 G16 的端子 4 与 6 之间的电压，如图 4-2-13~ 图 4-2-15 所示，标准值为 12V。

4）按下起动开关后，电压无变化，正常状况为按下起动开关后电压从 12V 变为 0，松开起动开关后电压从 0 变为 12V，如图 4-2-16 所示。

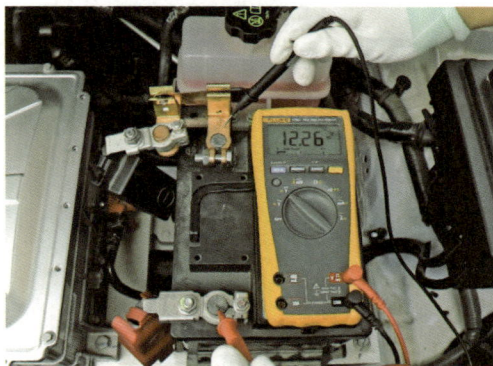

图 4-2-12　测量辅助蓄电池的静态电压

4. 故障排除

说明一键起动开关损坏，更换一键起动开关。仪表显示正常，汽车正常上电，故障排除。

5. 故障总结

一键起动开关线束插头卡口断裂，引起起动故障，从而导致一键起动开关无任何反应，造成高压无法上电，"OK"灯不亮。

起动信号1   起动信号2   起动按钮字
采集   采集   体背光灯驱动

21 ⌒ G2I   22 ⌒ G2I   19 ⌒ G2K

O   G   W
0.35   0.5   0.5
ALL   ALL   ALL

2 ⌒ G16   4 ⌒ G16   3 ⌒ G16

| ACC/ON状态 | ACC/ON状态1 | LED(Ice Blue) |

起动按钮

GND1   GND2
6 ⌒ G16   8 ⌒ G16

B
0.5
ALL
SP370   B 0.5
         ALL

B
0.5
ALL

Eg04

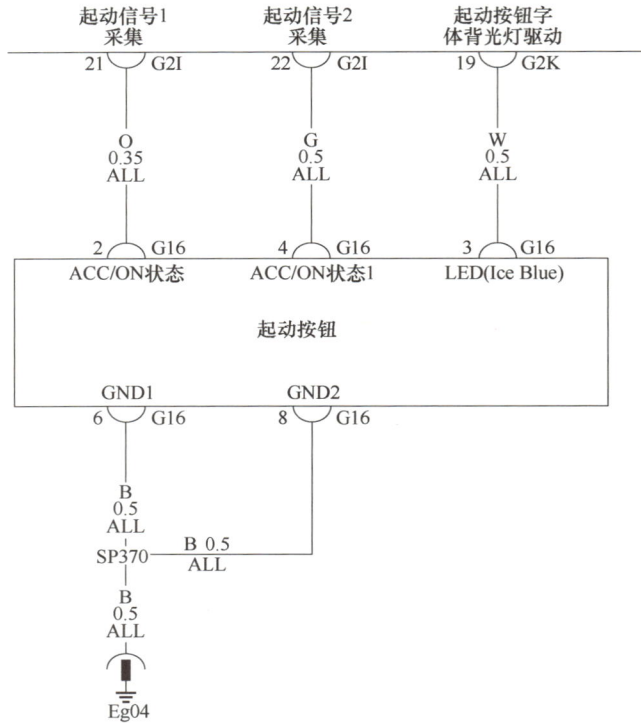

图 4-2-13   起动电流

图 4-2-14   测量 G16 的端子 2 与 6 之间的电压

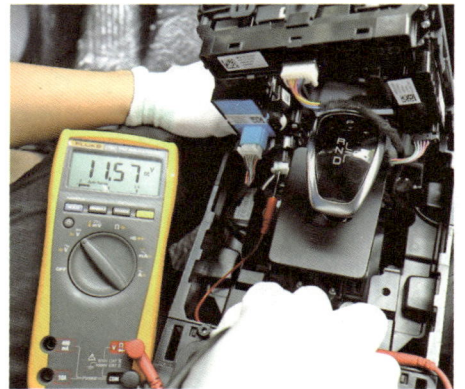

图 4-2-15   测量 G16 的端子 4 与 6 电压

　　针对此类故障，发现开关指示灯不亮，若测量插头线束端子信号电压均正常，则需要测量起动开关是否存在故障，以及插头线束是否插接到位。在进行诊断作业前应详细询问车主车辆工作状态、故障发生原因以及车辆是否出过事故或总成件被维修过，这些都有可能造成人为故障，通过询问可在诊断时快速锁定故障部位。

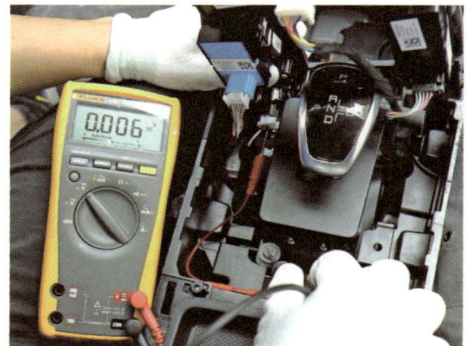

图 4-2-16   按下起动开关后的电压

6. 现场 6S 整理

7. 实训拓展

实训指南

车主使用智能钥匙解锁，车辆无反应，使用机械钥匙解锁车辆，进入车内，脚踩制动踏板，按"起动"按钮，仪表显示"无法检测到车钥匙"。遇到此类故障，你会如何处理呢？扫描二维码，观看视频，完成车辆起动故障排查实训。

车辆起动系统故障排除

评价反馈

1）各组代表展示汇报 PPT，介绍任务的完成过程。

2）以小组为单位，对各组的操作过程与操作结果进行自评和互评，并将结果填入表 4-2-6 中。

表 4-2-6　学生评价表

姓名		学号			班级			组别		
实训任务										
评价项目	分值	等　级				评价对象（组别）								
		A	B	C	D	1	2	3	4	5	6	7	8
方案合理	20	20	15	10	5								
团队合作	20	20	15	10	5								
工作质量	20	20	15	10	5								
工作规范	20	20	15	10	5								
汇报展示	20	20	15	10	5								
合计	100	各组得分												
总结与反思														

（如：学习过程中遇到什么问题→如何解决的 / 解决不了的原因→心得体会）

>> 教师对学生工作过程与工作结果进行评价，并将评价结果填入表 4-2-7 中。

表 4-2-7　教师对学生评价表

姓名			学号		班级		组别	
实训任务								
评价项目			评价标准				分值	得分
考勤（10%）			无故意迟到、早退和旷课的现象				10	
工作过程 （60%）	知识目标	获取信息	掌握工作相关知识				10	
		进行决策	制订工作方案，方案合理可行				10	
	技能目标	任务实施	能够识别比亚迪秦 EV 整车电气原理图				5	
			能够使用故障诊断仪读取起动系统故障码和数据流相关信息				5	
			能够正确分析按下一键起动开关后仪表无反应的故障原因				5	
			能够完成按下一键起动开关后仪表无反应故障的诊断与排除				5	
	素养目标	工作态度	认真严谨、积极主动、安全生产、文明施工				5	
		团队合作	与小组成员、同学之间能合作交流、协调工作				5	
		工作质量	能按照工作方案操作，按计划完成工作任务				10	
项目成果 （30%）	工作完整		能按时完成工作任务的所有环节				10	
	工作规范		能在整个操作过程中规范操作，避免意外事故的发生				10	
	汇报展示		能准确表达、汇报工作成果				10	
合计							100	
综合评价	学生评价（50%）		教师评价（50%）			综合得分		
综合评语	（作业过程中存在的问题及改进建议）							

情智课堂

新能源汽车"互联网+"模式成为"新赛道"

一直以来，技术变革都在改变着生活，"互联网+"技术逐渐渗透到生活的各个角落，比如5G手机、互联网购物、互联网智能家居等的兴起正翻天覆地改变了人们的生活方式。当然，在另一个生活空间——汽车空间里，也在进行着"互联网+"的革新。汽车正处于百年变革之期，电动化+互联网化两大浪潮成为"焦点"。

互联网汽车是智能操作系统对汽车赋能后新的汽车定义，智能操作系统为汽车提供了第二个发动机，使汽车可以同时跑在公路和互联网上。互联网汽车是全新的汽车品类，互联网汽车产生与发展的条件是互联网成为基础设施、智能操作系统从底层融入整车、数据可进行云端交互，成为汽车的重要驱动力。

智能操作系统搭载先进传感系统、决策系统、执行系统，运用信息通信、互联网、大数据、云计算、人工智能等新技术，使汽车由单纯交通运输工具逐步向智能移动空间转变。新能源汽车成了互联网智能化最佳载体，相比于内燃机，电动机几乎可以实现指令的瞬时响应，并且新能源汽车的电力驱动与电子控制系统可与车辆必备的传感器和计算机硬件设备高效对接，可以支撑更多的智能设备负荷。

目前，互联网企业纷纷投入新能源汽车的智能化研发，互联网巨头可以利用自身在软件、算法、生态和资金方面的优势，助力中国智能汽车的发展。汽车高阶芯片所需要的研发资源、生态支持是其他小芯片难以比拟的，国产汽车芯片长期受制于海外企业，而"互联网+汽车"联合模式有利于突破车芯研发，赶上时代科技发展的步伐。

如百度公司推出的"集度汽车"集百度AI能力之大成，全面继承百度Apollo的核心能力，并对其进行重新集成和验证。集度汽车有限公司仅用一年半的时间就把产品智能化体验做到极致，成为领先一代的智能汽车标杆。

2022年8月8日，华为技术有限公司与长安汽车集团有限公司、宁德时代新能源科技股份有限公司合力打造的智能电动汽车品牌阿维塔首款车型阿维塔11上市。不仅是百度公司和华为技术有限公司，阿里巴巴有限公司与上海汽车集团股份有限公司共同打造的斑马智行面向无人驾驶的整车智能操作系统AliOS Drive首次亮相，通过OS和芯片的联合定义，构建一个面向未来的、智能汽车的新的软件底座。

小米集团在2022年加快了造车的步伐，希望通过智能汽车补齐智能手机、智能家居、智能办公的全智能生态的最后一块拼图。

随着新一轮科技革命和产业变革加速，"软件定义汽车"趋势逐渐显现，汽车行业的发展逻辑有了深刻变革，汽车行业正在经历从产品到生态全面重建，尽管发展路径不尽相同，但互联网科技巨头的加入给整个新能源汽车行业的发展带来新的冲击。面向未来智能汽车生态的构建，科技巨头与汽车公司未来要走的路还很长，"软件定义汽车"成为互联网科技巨头与汽车公司研发的焦点。

科技改变生活，创新引领未来，科技与创新已成为当代企业顽强的生命力体现。

项目五
低压不能上电的故障诊断与排除

任务一　低压供电不正常的故障诊断与排除

🎯 任务目标

知识目标

1. 掌握比亚迪秦 EV 低压供电系统的结构。
2. 掌握低压上电的步骤与过程。
3. 掌握整车上电流程。

技能目标

1. 能正确分析低压供电的故障原因。
2. 能独立完成低压供电不正常的排查。
3. 能够识读低压供电相关模块电气图。

素养目标

1. 认真严谨、积极主动、安全生产、文明施工。
2. 与小组成员、同学之间能合作交流、协调工作。
3. 获得分析问题和解决问题的基本方法。
4. 积极主动与小组成员交流、讨论学习成果，取长补短，完成自我提升。

✈ 任务框图

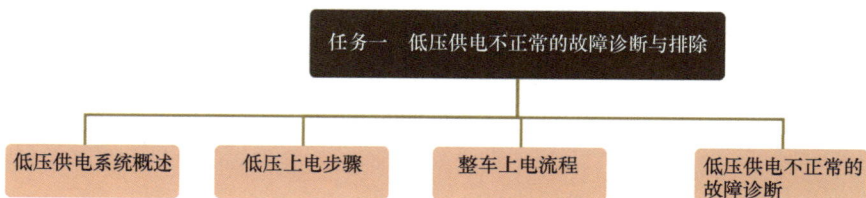

任务导入

　　一位比亚迪秦 EV 车主反映其车在踩下制动踏板后，按下起动开关时，仪表 "READY" 灯不亮，显示 "EV 功能受限，请检查电子驻车系统" 等提示。初步怀疑为低压系统供电不正常。

任务分组

学生任务分配表见表 5-1-1。

表 5-1-1　学生任务分配表

班　级		组　号		指导教师	
组　长		学　号			
组　员	姓名：_____　学号：_____ 姓名：_____　学号：_____ 姓名：_____　学号：_____ 姓名：_____　学号：_____		姓名：_____　学号：_____ 姓名：_____　学号：_____ 姓名：_____　学号：_____ 姓名：_____　学号：_____		
任 务 分 工					
（就组织讨论、工具准备、数据采集、数据记录、安全监督、成果展示等工作内容进行任务分工）					

获取信息

❓ 引导问题 1：比亚迪秦 EV 汽车的低压供电系统电能来源于辅助蓄电池，请问这个说法正确吗？

_____

_____

知识点提示

低压供电系统概述

　　比亚迪秦 EV 的低压供电系统是将动力蓄电池的高压直流电通过 DC/DC 变换器转换成 13.8V 低压电给低压系统供电和辅助蓄电池充电。低压电气部件包括灯光、中控门锁、信息娱乐系统、电动车窗、电机控制器、电池管理器和 VCU 等，如图 5-1-1 所示。

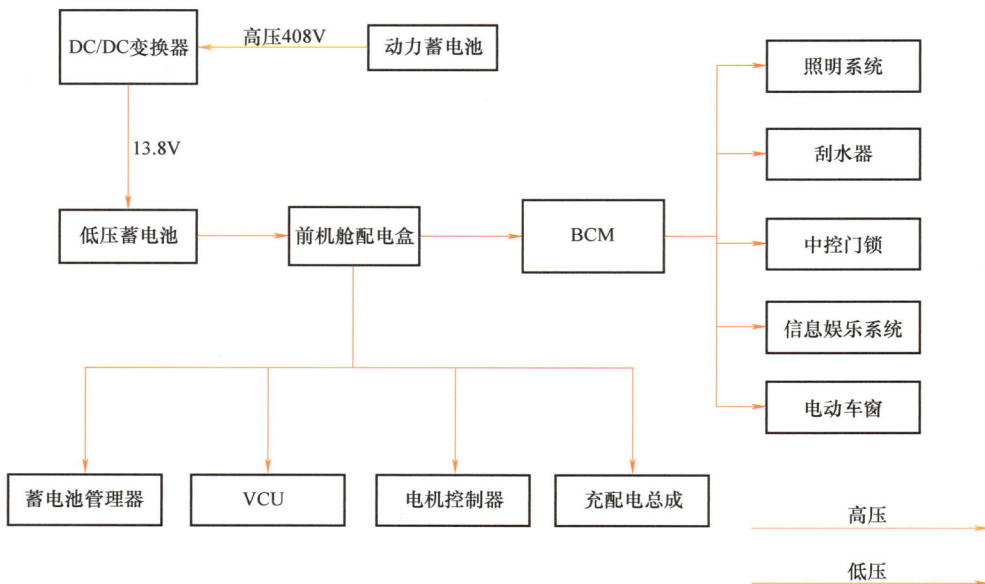

图 5-1-1　比亚迪秦 EV 汽车低压供电系统的结构图

低压供电以辅助蓄电池为能量源，通过前机舱配电盒及仪表板配电盒（比亚迪秦 EV 的 BCM 集成在仪表配电盒内）进行低压电力分配，通过控制盒内的继电器吸合与断开，满足在不同工作模式下不同电路的接通与断开，为整车低压模块供电和唤醒等。前机舱配电盒为动力蓄电池管理、整车控制以及电机控制等模块的电力分流。仪表板配电盒（车声控制模块）为照明系统、刮水器、中控门锁、信息娱乐系统等模块的电力分流。

❓ 引导问题 2：在低压上电过程中，驾驶人需要做哪些动作才能完成上电过程？

_____

💡 知识点提示

低压上电步骤

比亚迪秦 EV 配备智能钥匙系统（2021 款比亚迪秦 EV 集成进多合一），通过该系统驾驶人可以通过智能钥匙实现远程解锁车门、上电和起动等操作。整个系统通过一个智能钥匙系统控制器控制。当智能钥匙系统控制器探测到智能钥匙在某个探测区域范围内，对智能钥匙进行探测与验证，并发送运行的信号给相关执行动作的 ECU，完成整个系统工作。

探测系统是由六个探测天线（车内四个，车外两个）和一个高频接收模块（2021 款已集成进多合一）组成的，探测车内有效范围及车外一定的范围，如图 5-1-2 所示。

如图 5-1-3 所示，按下智能钥匙的解锁键，智能钥匙发出 434MHz 的信号给 Keyless 模块，Keyless 模块通过车载 4G 模块将智能钥匙信息上传到云端进行智能钥匙合法性验证。验证通过后，BCM 驱动门锁电动机工作，解锁车辆。或按下左前门的微动开关，输出低电平信号，BCM 驱动门锁电动机工作，解锁车辆。踩下制动踏板，制动踏板的信号传递给 VCU，同时按下起动开关，输出低电平信号给到 BCM，BCM 通过起动子网与 Keyless 模块通信，验证智能钥匙合法性后给车辆上电，上电成功后仪表"OK"指示灯亮。

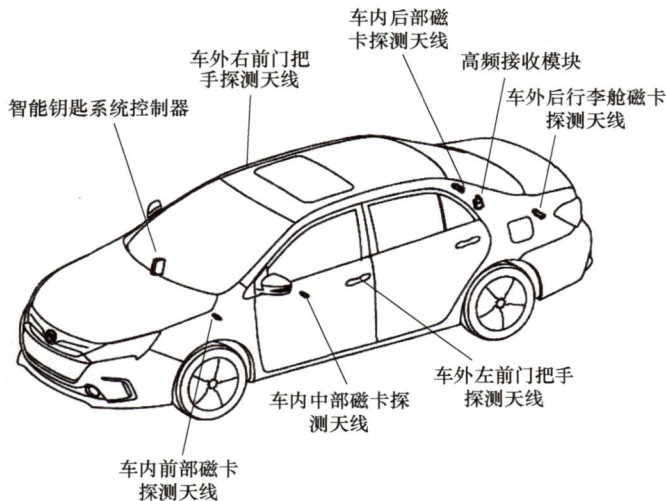

图 5-1-2　比亚迪秦 EV 探测系统探测天线分布

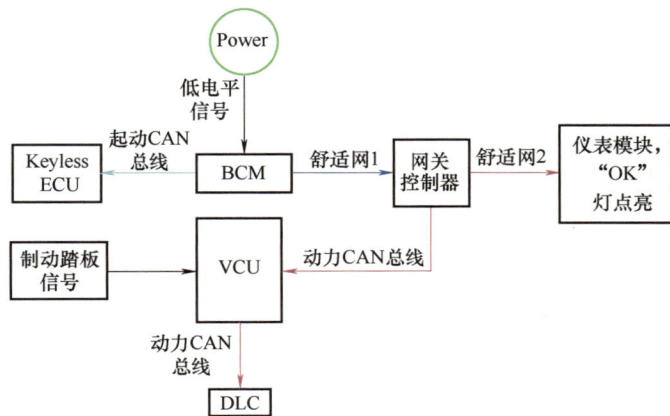

图 5-1-3　低压上电原理图

❓ 引导问题 3：在整车上电过程中，各控制器（如电机控制器、蓄电池控制器、空调控制器等）上电成功后，分别通过什么传输途径使对应模块的高压部件上电成功（驱动电机、动力蓄电池等）？

_____

_____

💡 知识点提示

整车上电流程

驾驶人进入车内，踩下制动踏板，信号直接通过硬线信号传输给 VCU，按下起动开关，起动信号通过起动子网与 BCM 进行通信，BMC 通过 G2H-1 控制 IG 3 继电器吸合，蓄电池管理器、VCU、电机控制器等部件等到双路电，此时 BMC 控制动力蓄电池内的主接触器和预充接触器吸合，即 BK45（A）-7/BK51-20 有 12V 电，动力蓄电池的高压电开始为电机控制器内的电容器进行预充电，如图 5-1-4 所示。当电容端的电压是动力蓄电池电压的 90%（即 360V 左右）时，BMC 控制负极接触器吸合，断开 BK51-20，动力蓄电池的信息通过网关控制器与仪表进行信息交互，仪表"OK"灯亮。

👥 进行决策

1）各组派代表阐述资料查询结果。

2）各组就各自的查询结果进行交流并分享技巧。

3）教师结合各组完成的情况进行点评并选出最佳方案。

DC 408V

预充接触器　正极接触器　负极接触器

BK51-20
BK45(A)-7　　　BK45(A)-16

智能钥匙　　智能钥匙模块　　蓄电池管理器　　仪表

蓄电池负极搭铁　434MHz　启动子网　常电　BK45(B)-8　双路电

熔片F1-48(220A)　F2-46

蓄电池　熔片F1-50(80A)　BCM　G2H-1 吸合　IG3继电器　F1-34(10A)　B30-10/11 双路电　电机控制器　动力CAN　网关控制器

前机舱配电盒　B2F-1 13.8V　常电　GK49-1/3 双路电

13.8V

VCU

制动踏板信号　加速踏板信号　真空泵电动机　散热风扇　控制

充配电总成
DC/DC变换器

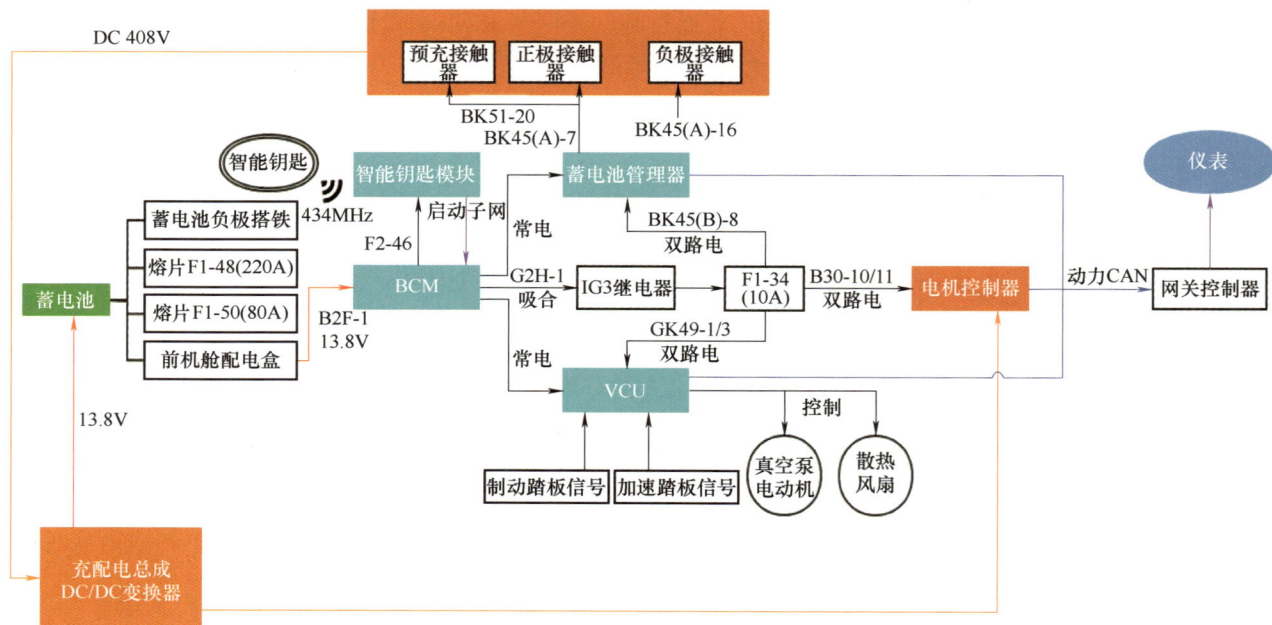

图 5-1-4　整车上电流程

任务实施

安全要求及注意事项见表 5-1-2，设备及工具清点表见表 5-1-3。

表 5-1-2　安全要求及注意事项

安全要求及注意事项
1）实训开始前，提前准备好需要使用的个人防护用品，并检查是否符合使用标准。 2）实训开始前，提前做好场地防护，设置警告标识，在操作位置布置好绝缘防护措施。 3）检查实训场地和设备设施是否清洁及存在安全隐患，配电箱、插座是否符合用电需求，如不正常请汇报老师并进行处理。 4）记录车辆铭牌信息，并做好检测结果记录。 5）实训结束后，必须清理场地和设备，撤除警示标识。

表 5-1-3　设备及工具清点表

名称	数量	清点
数字万用表	1个	□清点
比亚迪秦 EV 整车	1辆	□清点
绝缘手套	1副	□清点
耐磨手套	1副	□清点
万用接线盒	1个	□清点
一体化工量具	1套	□清点
工位防护套装	1套	□清点
道通 MS908E 汽车故障诊断仪	1个	□清点

低压供电不正常的故障诊断

1. 故障现象

踩下制动踏板，打开启停开关后，仪表"OK"灯不亮，显示"请检查动力系统、请检查电子驻车系统、请检查胎压监测系统"，如图 5-1-5 所示。

图 5-1-5　仪表显示

2. 故障分析

结合故障现象，是仪表报动力系统故障。动力系统相关的主要模块有蓄电池管理器、VCU和电机控制器，以上模块正常工作需要 IG3 电，并且 IG3 电由 BCM 负责控制。可以从前机舱配电盒和 BCM 开始进行检查分析，当低压供电系统出现故障时，可将重点放在 BCM 的控制电路和配电盒上。

导致故障的原因主要围绕 BCM 和前机舱配电盒，在防盗系统正常解除的情况下，查找BCM 供电部分，以及其控制的相关低压上电的继电器元件及电路，如图 5-1-6 所示。

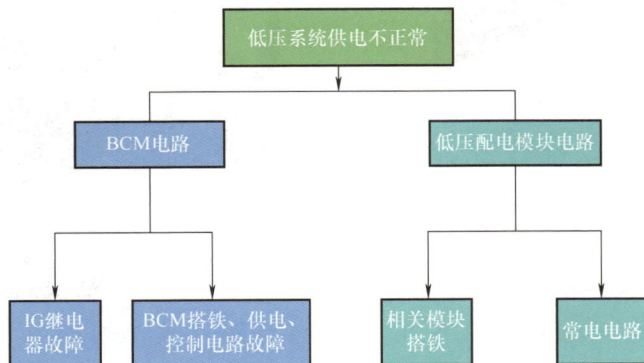

图 5-1-6　低压系统供电不正常原因

3. 故障诊断

1）连接故障诊断仪，读取故障码，发现动力网故障码有 U059504（与前电机控制器 CAN信号超时）、C009A00（胎压监测系统输入信号错误）、U011087（与电机控制器模块失去通信）。

2）读取数据流时发现无法进入动力系统等模块。

3）查询电机控制器电气原理图（图 5-1-7），打开起动开关，测量 IG3 电源端口 B30 10#

与 GND 的电压为 0，如图 5-1-8 所示，标准值为 12V，异常。

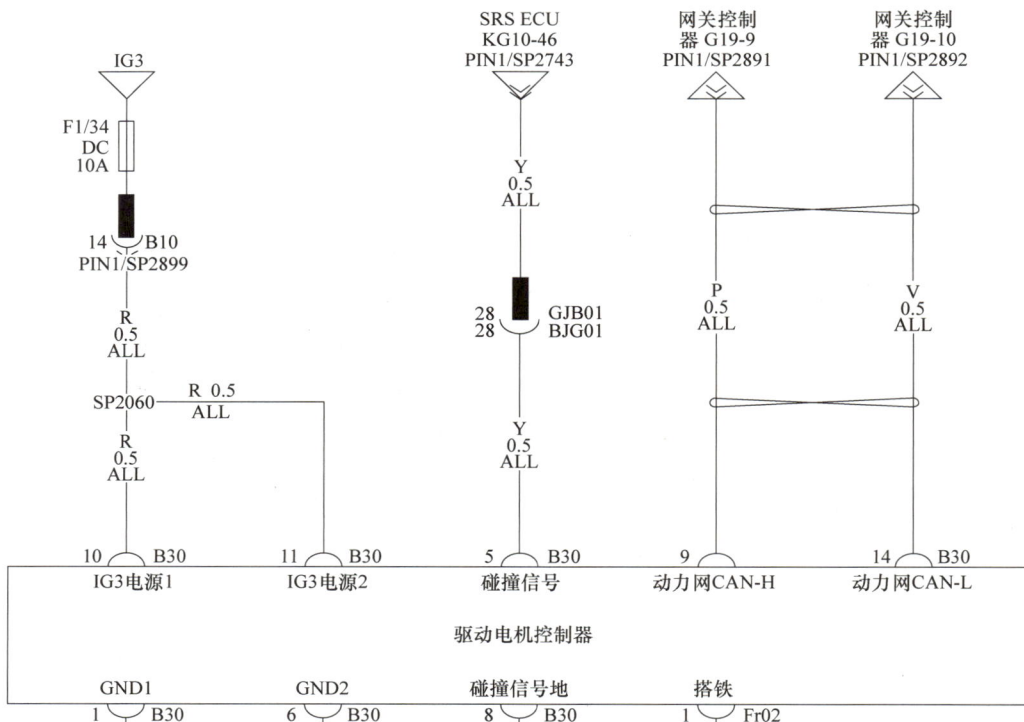

图 5-1-7　电机控制器电气原理图

4）测量 VCU F1-34 熔丝上、下端的电压均为 0，如图 5-1-9 所示，标准值为 12V，异常。

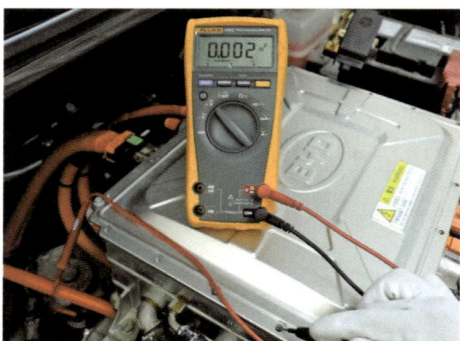

图 5-1-8　测量 B30 10# 与 GND 的电压

图 5-1-9　测量 F1-34 熔丝上、下端的电压

5）测量 IG3 继电器端子 1 和 2 的电阻值为 131Ω，如图 5-1-10 所示，标准值为 130Ω，正常。

6）测量 IG3 继电器端子 3 和 4 的电阻值为无穷大，如图 5-1-11 所示，标准值为无穷大，正常。

7）通过按压前机舱配电盒两侧的卡扣，将前机舱配电盒上部拆下，如图 5-1-12 所示。

8）将前机舱配电盒 B1D 插头拔下，如图 5-1-13 所示。

9）查阅前机舱配电盒电气原理图（图 5-1-14），测量 IG3 继电器控制线 B1D 端子 17 与 GND 之间的电阻值，如图 5-1-15 所示，标准值为无穷大。

图 5-1-10　测量 IG3 继电器端子 1 和 2 的电阻值

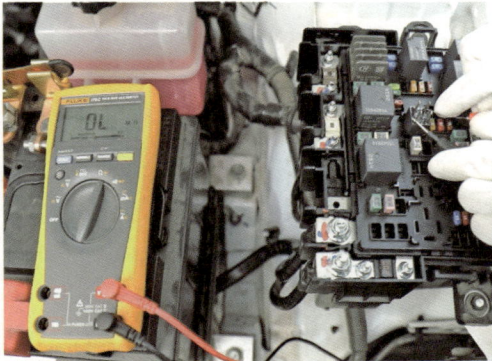

图 5-1-11　测量 IG3 继电器端子 3 和 4 的电阻值

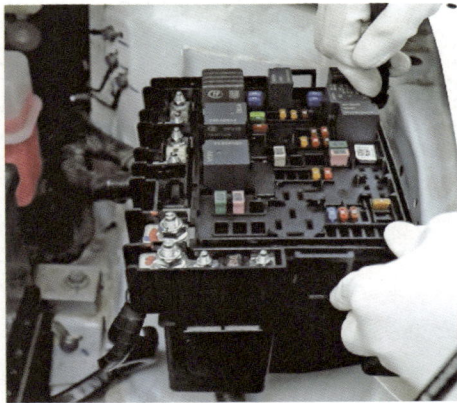

图 5-1-12　拆卸前机舱配电盒上部

图 5-1-13　前机舱配电盒 B1D 插头

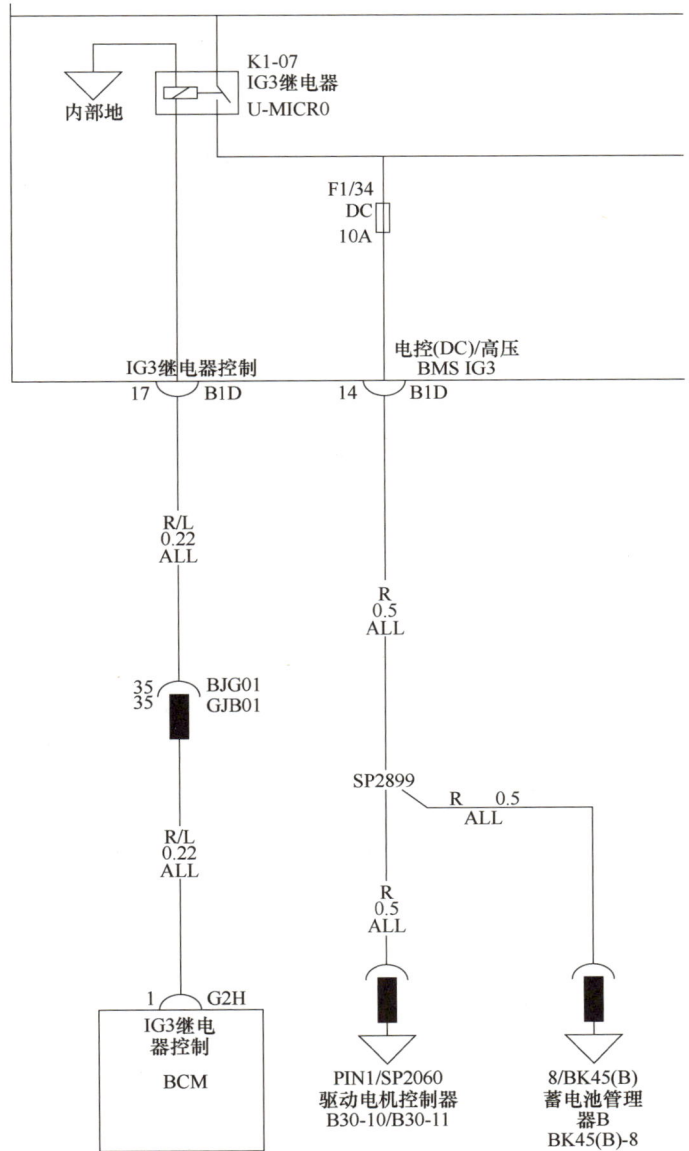

图 5-1-14　前机舱配电盒电气原理图

图 5-1-15　测量 B1D 端子 17 与 GND 之间的电阻值

4. 故障排除

修复 BCM 的 G2H 端子 1 到 IG3 继电器控制 B1D 端子 17 之间电路，重新起动汽车，仪表显示正常，如图 5-1-16 所示，汽车正常上电，故障排除。

图 5-1-16　仪表显示

5. 故障总结

BCM 的 G2H 端子 1 到 IG3 继电器控制 B1D 端子 17 之间电路断路，IG3 继电器未正常工作，引起相关动力模块工作异常，从而导致车辆禁止上高压，DC/DC 变换器禁止启动，高压无法上电，"OK" 灯不亮。

读取故障码时，当多个主要的动力系统模块都不正常（这些模块工作都有一个共同点：IG3 电和动力网），但可以读取到动力网其他模块，说明部分动力网模块通信正常，故障优先怀疑 IG 电。

6. 现场 6S 整理

📄 评价反馈

1）各组代表展示汇报 PPT，介绍任务的完成过程。

2）以小组为单位，对各组的操作过程与操作结果进行自评和互评，并将结果填入表 5-1-4 中。

表 5-1-4 学生评价表

姓名		学号			班级		组别	

实训任务														

评价项目	分值	等级				评价对象（组别）							
		A	B	C	D	1	2	3	4	5	6	7	8
方案合理	20	20	15	10	5								
团队合作	20	20	15	10	5								
工作质量	20	20	15	10	5								
工作规范	20	20	15	10	5								
汇报展示	20	20	15	10	5								
合计	100	各组得分											

总结与反思

（如：学习过程中遇到什么问题→如何解决的／解决不了的原因→心得体会）

>> 教师对学生工作过程与工作结果进行评价，并将评价结果填入表 5-1-5 中。

表 5-1-5 教师对学生评价表

姓名		学号		班级		组别	

实训任务				

评价项目			评价标准	分值	得分
考勤（10%）			无故意迟到、早退和旷课的现象	10	
工作过程（60%）	知识目标	获取信息	掌握工作相关知识	10	
		进行决策	制订工作方案，方案合理可行	10	
	技能目标	任务实施	能够描述低压上电流程和整车上电流程	5	
			能够分析低压系统供电不正常的故障原因	5	
			能够识别前机舱配电盒与电机控制器的电气图	5	
			能够完成低压供电不正常的故障诊断与排除	5	
	素养目标	工作态度	认真严谨、积极主动、安全生产、文明施工	5	
		团队合作	与小组成员、同学之间能合作交流、协调工作	5	
		工作质量	能按照工作方案操作，按计划完成工作任务	10	

（续）

评价项目		评价标准	分值	得分
项目成果（30%）	工作完整	能按时完成工作任务的所有环节	10	
	工作规范	能在整个操作过程中规范操作，避免意外事故的发生	10	
	汇报展示	能准确表达、汇报工作成果	10	
合计			100	

综合评价	学生评价（50%）	教师评价（50%）	综合得分

（作业过程中存在的问题及改进建议）

综合评语

任务二　控制电路故障的诊断与排除

任务目标

知识目标

1. 掌握 2021 款比亚迪秦 EV 十合一的组成。
2. 掌握 2021 款比亚迪秦 EV 低压上电原理（同全新款比亚迪秦 EV）。

技能目标

1. 能正确分析低压供电故障的原因。
2. 能独立完成低压供电不正常的排查。
3. 能够识读低压供电相关模块电气图。

素养目标

1. 认真严谨、积极主动、安全生产、文明施工。
2. 与小组成员、同学之间能合作交流、协调工作。
3. 获得分析问题和解决问题的基本方法。
4. 积极主动与小组成员交流、讨论学习成果，取长补短，完成自我提升。

任务框图

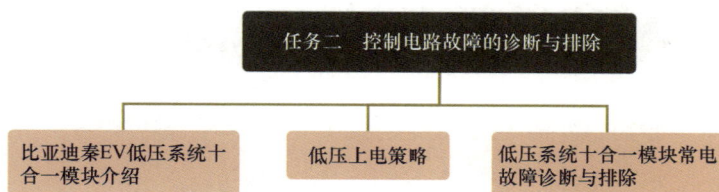

任务导入

　　在集成化和标准化的共同作用下，比亚迪 e 平台的各个模块都实现了高性能与低成本。在 2021 年比亚迪 e 平台推出的秦 EV 则采用了最新的"33111"集成技术。公司给小王安排一个比亚迪 2021 款秦 EV 的宣讲会，如果你是小王，你该如何向客户介绍"33111"技术呢？

任务分组

学生任务分配表见表 5-2-1。

表 5-2-1　学生任务分配表

班　级		组　号		指导教师	
组　长		学　号			
组　员	姓名:_____　学号:_____ 姓名:_____　学号:_____ 姓名:_____　学号:_____ 姓名:_____　学号:_____		姓名:_____　学号:_____ 姓名:_____　学号:_____ 姓名:_____　学号:_____ 姓名:_____　学号:_____		
任　务　分　工					
（就组织讨论、工具准备、数据采集、数据记录、安全监督、成果展示等工作内容进行任务分工）					

获取信息

> **引导问题 1：** 请查阅相关资料，说说 2021 款的比亚迪秦 EV 与全新款比亚迪秦 EV 的低压系统有何差别？
>
> _____
>
> _____

知识点提示

比亚迪秦 EV 低压系统十合一模块介绍

比亚迪用"33111"来概括 e 平台的技术，第一个"3"是指将驱动电机、电控和减速器进行三合一，第二个"3"是指将高压充配电系统（OBC）、DC 和 PDU 进行三合一，第一个"1"表示一块高度集成的 PCB 板，第二个"1"表示一块搭载"DiLink"系统的智能旋转大屏，第三个"1"代表一块长续航、性能稳定的动力蓄电池。这块PCB 板也称为 BCM，它将传统汽车内的多块控制器集中整合在一个控制器内，减轻了线束约 50 根，从而大大减轻了控制器的重量、节省了空间、降低了能耗。在功能

图 5-2-1　比亚迪秦 EV 十合一 BCM

上，这块 BCM 集成了仪表、空调、音响、智能钥匙、倒车辅助、门窗等十多项原本分立的控制模块，如图 5-2-1 所示，其零部件说明见表 5-2-2。

表 5-2-2　比亚迪秦 EV 十合一控制器解析

零部件名称		功能
BCM	驻车辅助系统模块	驻车辅助系统的功能是在倒车时能探测监控范围内的障碍物，给驾驶人发出视觉和听觉信号，以提高汽车停车安全性。驻车辅助系统模块的功能是控制探头、判断是否有障碍物并发出视觉和听觉信号
	信息站（蓝牙钥匙）	蓝牙钥匙系统包括车辆端的蓝牙模块、手机 App 应用程序，可采用蓝牙技术使智能收集与车辆进行近距离连接，对车辆进行安全的解闭锁
	网关控制器总成	网关是一种实现不同通信网络间模块进行通信的信息转换单元（类似路由器）
	智能钥匙系统控制器	驱动天线发射低频钥匙探测信号，接收并验证钥匙信息，与 BCM 进行 CAN 通信，请求实现开、闭锁及启动功能
	高频接收模块	接收钥匙发射的高频信号，并能将其携带的信息解调出来发送给智能钥匙系统控制器
	车身控制模块	控制门锁、灯光、启动配电等功能
	空调及蓄电池热管理控制器	具有给驾驶室空调供暖、制冷和驻车通风等功能。蓄电池热管理动力蓄电池有需求时，给蓄电池加热和制冷
	发动机音发生器	根据法规要求，在车速小于 30km/h 时发动机音喇叭需要发声用于提示
组合仪表显示屏	组合仪表＋组合仪表控制器（属于 BCM）	显示车速、功率、里程、档位、时间、指示灯、行车信息、报警等提示信息

注意：全新比亚迪秦 EV 目前未采用集成式的十合一车身控制器，依旧使用比亚迪 e5 的 BCM，2021 款比亚迪秦 EV 采用了十合一的车身控制器以及刀片电池。

❓ **引导问题 2**：请查阅相关资料，简单说说 2021 款比亚迪秦 EV 的低压上电策略。

_____

_____

💡 知识点提示

低压上电策略

比亚迪秦 EV 的上电策略与本项目的任务一低压上电步骤相同，不再赘述。

👤 进行决策

1）各组派代表阐述资料查询结果。
2）各组就各自的查询结果进行交流并分享技巧。
3）教师结合各组完成的情况进行点评并选出最佳方案。

👥 任务实施

安全要求及注意事项见表 5-2-3，设备及工具清点表见表 5-2-4。

表 5-2-3　安全要求及注意事项

安全要求及注意事项	
1）实训开始前，提前准备好需要使用的个人防护用品，并检查是否符合使用标准。 2）实训开始前，提前做好场地防护，设置警告标识，在操作位置布置好绝缘防护措施。 3）禁止在车辆上电高压情况下检查与更换动力蓄电池。 4）禁止在带电状态下触碰任何带安全警示标志的部件。	5）禁止徒手触摸所有橙色的线束。 6）检查实训场地和设备设施是否清洁及存在安全隐患，配电箱、插座是否符合用电需求，如不正常请汇报老师并进行处理。 7）记录车辆铭牌信息，并做好检测结果记录。 8）实训结束后，必须清理场地和设备，撤除警示标识。

表 5-2-4　设备及工具清点表

设备及工具名称	数量	清点
2021 款比亚迪秦 EV	1 辆	
道通 MS908E 汽车故障诊断仪	1 个	
数字万用表	1 个	
万用接线盒	1 个	
工位防护套装	1 套	
一体化工量具	1 套	
个人防护套装	2 套	

低压系统十合一模块常电故障诊断与排除

1. 故障现象

使用智能钥匙解锁车门，发现车辆无反应；使用机械钥匙进入车内后按起动按钮同时踩下制动踏板上电，发现仪表无变化，车辆无法正常上电；喇叭、左右转向灯、空调等均无法正常使用，初步判断与低压系统车身模块故障有关。

2. 故障诊断

1）连接故障诊断仪读取故障码，如图 5-2-2 所示。

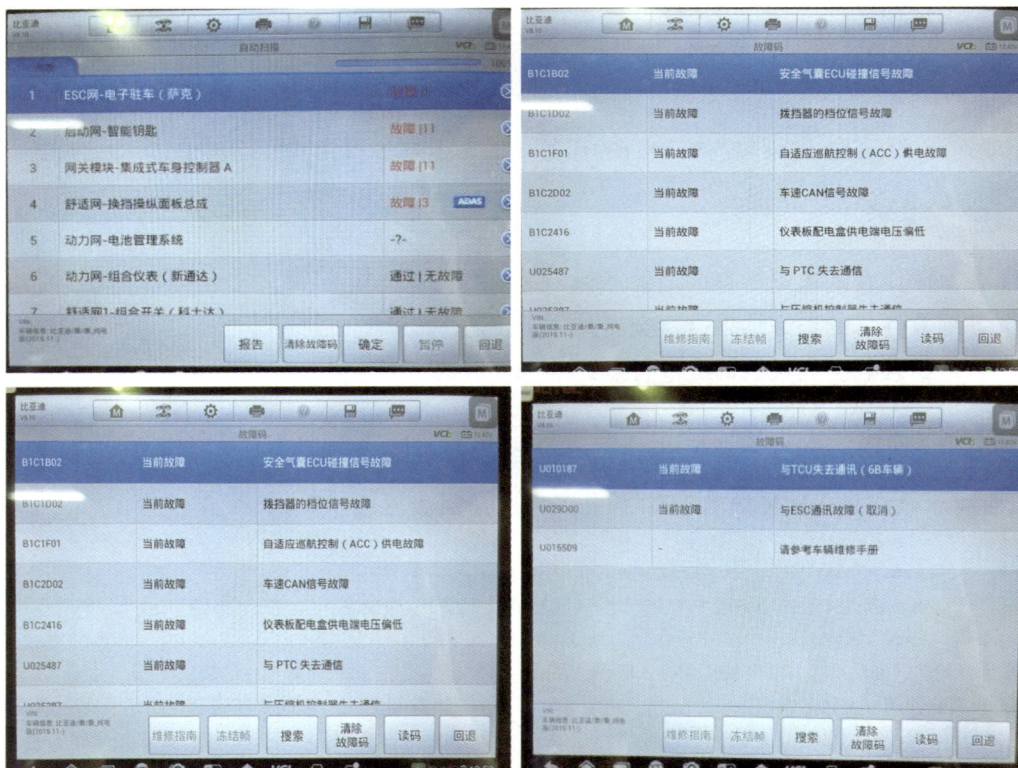

图 5-2-2　读取故障码

2）通过对车辆故障现象和故障码的观察，初步怀疑十合一模块存在故障，因为十合一模块中集成了空调、车身控制器、智能钥匙、网关等多块控制器，当这些控制器同时故障时就要首先怀疑十合一模块是否能正常工作。

3）在车上找到十合一模块地线 G64A/10、G64G/6，测量是否与车身地导通，正常值小于 1Ω，实测值为 0.3Ω，正常。

4）在车上找到十合一模块常电线 G64H/1，测量电压，正常值为 11~14V，实测值为 0，异常。

5）测量常电上端熔断器 F2/2（30A）的电压，测得熔断器输入端电压为 13V（正常），输出端电压为 0（异常）。

6）拔下熔断器 F2/2，测量输入端与输出端之间的电阻，正常值小于 1Ω，实测值无穷大，异常。综合判断 F2/2（30A）常电熔断器熔断。

3. 故障排除

更换熔断器后故障排除，再进行车辆上电，读取故障码并清除。

4. 故障结论

判断为十合一模块常电熔断器 F2/2（30A）熔断。

评价反馈

1）各组代表展示汇报 PPT，介绍任务的完成过程。

2）以小组为单位，对各组的操作过程与操作结果进行自评和互评，并将结果填入表 5-2-5 中。

表 5-2-5　学生评价表

姓名		学号		班级		组别							
实 训 任 务													
评 价 项 目	分值	等　　级				评价对象（组别）							
		A	B	C	D	1	2	3	4	5	6	7	8
方案合理	20	20	15	10	5								
团队合作	20	20	15	10	5								
工作质量	20	20	15	10	5								
工作规范	20	20	15	10	5								
汇报展示	20	20	15	10	5								
合计	100	各组得分											
总结与反思													

（如：学习过程中遇到什么问题→如何解决的 / 解决不了的原因→心得体会）

≫教师对学生工作过程与工作结果进行评价，并将评价结果填入表 5-2-6 中。

表 5-2-6　教师对学生评价表

姓名			学号		班级		组别	
实 训 任 务								
评 价 项 目			评 价 标 准				分值	得分
考勤（10%）			无故意迟到、早退和旷课的现象				10	
工作过程（60%）	知识目标	获取信息	掌握工作相关知识				10	
		进行决策	制订工作方案，方案合理可行				10	
	技能目标	任务实施	能够使用故障诊断仪检测车辆故障码和数据流信息				5	
			能够识别低压系统十合一的电气图				5	
			能够进行低压不能上电的故障原因分析				5	
			能够识别低压系统十合一模块常电故障				5	
	素养目标	工作态度	认真严谨、积极主动、安全生产、文明施工				5	
		团队合作	与小组成员、同学之间能合作交流、协调工作				5	
		工作质量	能按照工作方案操作，按计划完成工作任务				10	
项目成果（30%）		工作完整	能按时完成工作任务的所有环节				10	
		工作规范	能在整个操作过程中规范操作，避免意外事故的发生				10	
		汇报展示	能准确表达、汇报工作成果				10	
合计							100	
综 合 评 价		学生评价（50%）		教师评价（50%）		综合得分		
综 合 评 语		（作业过程中存在的问题及改进建议）						

情智课堂

新能源汽车E/E架构的"变革"

随着车辆的电子化程度逐渐提高，ECU占领了整个汽车，一些高端车型的ECU数量已经过百。汽车电子软件爆炸式增长，给汽车电子电气构架带来了巨大的挑战。如何在复杂的电路中保证数据处理以及网络安全成为车企亟须解决的问题。用一个或几个"大脑"来操控全车的ECU与传感器，这样的"大脑"称为"域控制器"，成了目前解决复杂E/E结构的最佳解决方案。集中化E/E架构是汽车电子电气架构发展的必然方向。

从已量产的车型看，现阶段主要是域集中式EEA，"多合一"集成系统最终会被融合到"域控制"系统中。如华为"七合一"电驱动系统最为引人注目的地方便是其域控制解决方案，通过从模块到系统的融合以及从场景到解决方案的融合，切实提升了系统的安全性；比亚迪在2021年10月发布了e平台3.0，将整车几十个ECU逐步集成四大域控制器，包括智能动力域、智能车控域、智能座舱域和智能驾驶域，其中智能动力域集成了VCU、BMS、Inverter、PDU、DC/DC变换器和AC/DC转换器的控制部分；沃尔沃的混合中央架构，包括一个中央计算平台、一个智能互联模块IHU和一个自动驾驶模块ADPM，将原有的域控制器集成为中央计算平台。

汽车E/E架构的集中化进程未来最理想的状态是汽车拥有一个整车计算平台——中央大脑。中央域控制器可能会成为一台计算机的形态，难点会来源于汽车的操作系统，这个系统需要同时跟上层的软件应用、底层的硬件资源进行衔接，并且汽车的智能座舱域、智能驾驶域、智能动力域、智能车控域等几大"域"对操作系统的需求不一致，比如智能座舱系统对于屏幕的色彩处理和渲染要求比较高，而智能驾驶功能对系统的安全要求特别高。目前还没有一种芯片或者一个嵌入式的硬件平台，既有高算力能够支撑丰富图像处理，又有高性能、高存储，同时还具有非常丰富的IO接口。除了硬件层面的挑战，汽车行业的软件产业链也面临着重构的可能，软件能力逐渐成为车企的核心竞争力。未来十年汽车E/E架构将发生翻天覆地的变化。

项目六

高压不能上电的故障诊断与排除

任务一　高压供电不正常的故障诊断与排除

🎯 任务目标

知识目标

1. 了解纯电动汽车高压系统主要部件。
2. 掌握比亚迪秦 EV 的高压配电原理。
3. 掌握比亚迪秦 EV 充配电总成的功能。
4. 掌握比亚迪秦 EV 高压能量流动。

技能目标

1. 能够分析高压预充、主电路工作状态。
2. 能正确完成高压供电不正常的故障检测。
3. 能正确测量高压系统各电路的信号及进行电源检测。

素养目标

1. 认真严谨、积极主动、安全生产、文明施工。
2. 与小组成员、同学之间能合作交流、协调工作。
3. 获得分析问题和解决问题的基本方法。
4. 积极主动与小组成员交流、讨论学习成果，取长补短，完成自我提升。

✈ 任务框图

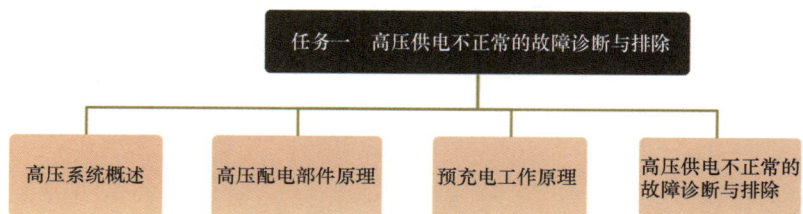

任务导入

一辆比亚迪秦 EV 踩下制动踏板数次后并保持，打开启停开关后，仪表正常亮，READY 灯无法正常亮，蓄电池指示灯、整车系统故障指示灯亮，此时右侧故障提醒警告灯、EPB 故障警告灯、ESC 故障警告灯也亮。经诊断为驱动系统故障，高压不能上电。

任务分组

学生任务分配表见表 6-1-1。

表 6-1-1　学生任务分配表

班　级		组　号		指导教师	
组　长		学　号			
组　员	姓名：_____　学号：_____		姓名：_____　学号：_____		
	姓名：_____　学号：_____		姓名：_____　学号：_____		
	姓名：_____　学号：_____		姓名：_____　学号：_____		
	姓名：_____　学号：_____		姓名：_____　学号：_____		
任 务 分 工					

（就组织讨论、工具准备、数据采集、数据记录、安全监督、成果展示等工作内容进行任务分工）

获取信息

引导问题 1： 请查阅相关资料，说说纯电动汽车高压系统包含的部件有哪些。

_____

_____

高压配电
系统认知

知识点提示

高压系统概述

纯电动汽车高压系统包含动力蓄电池、电机控制器、驱动电机、电动压缩机、PTC 加热器等高压部件，还包括一套直流快充充电系统和一套交流慢充充电系统（有的混动车型只有交流充电系统，如比亚迪秦 DM、宋 DM，帕萨特 PHEV 等）。所有的高压部件都由动力蓄电池提供电能，通过高压配电系统连接输送电能。图 6-1-1 所示为纯电动车的高压系统结构图，图 6-1-2

所示为比亚迪秦 EV 的高压系统原理图，所有的高压部件通过黄色线束连接起来。

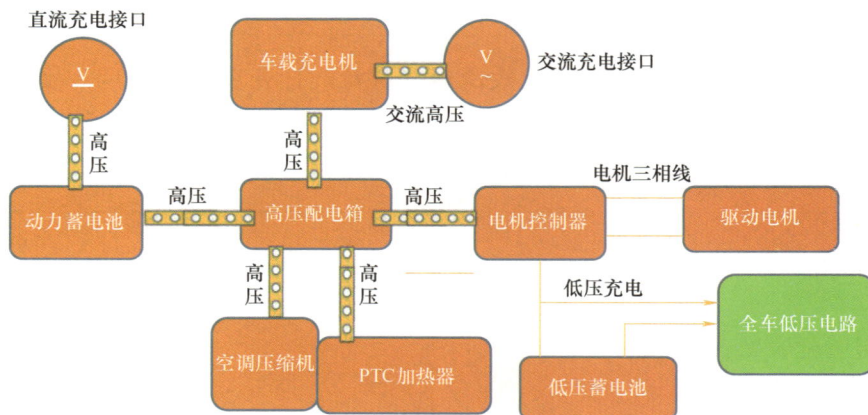

图 6-1-1　纯电动车的高压系统结构图

不同车型，高压部件集成度有所差异，比亚迪秦 EV 充配电总成三合一由高压系统 DC/DC 变换器、车载充电机（OBC）、PDU 配电箱高度集成，可以将动力蓄电池的高压直流电供给整车高压电器，也能接收来自车载充电机和其他电源供给的直流电给动力蓄电池充电。同时，还有其他的辅助检测、烧结检测、电压检测等功能。图 6-1-3 所示为比亚迪秦 EV 主要高压部件及线束。

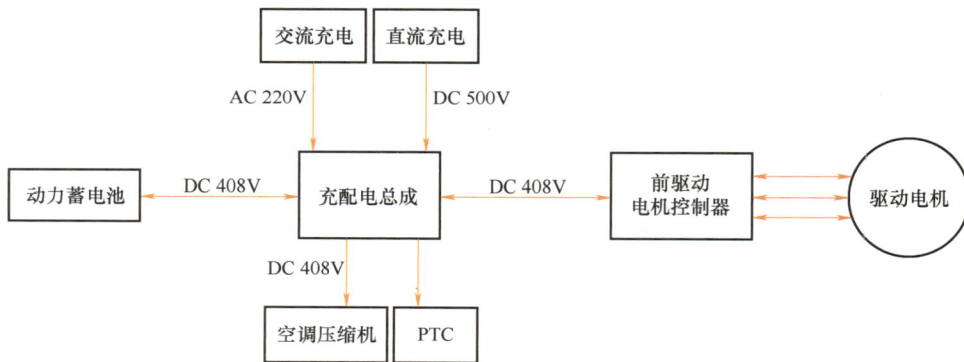

图 6-1-2　比亚迪秦 EV 的高压系统原理图

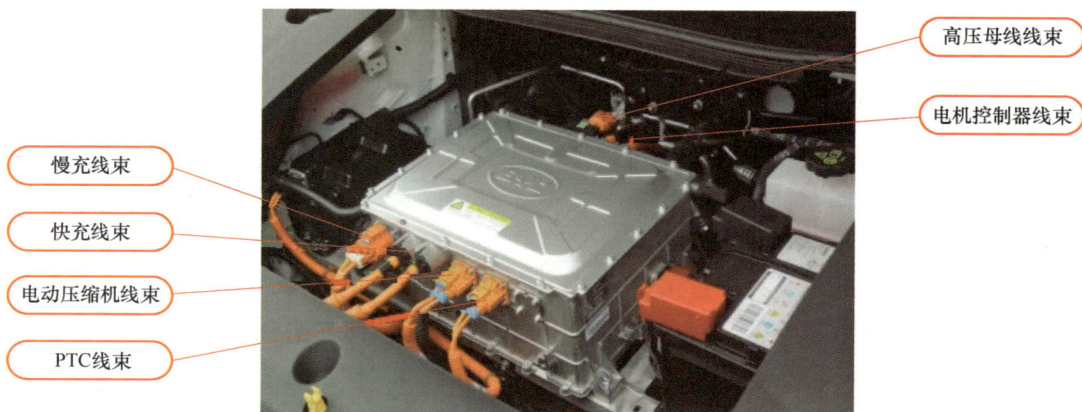

图 6-1-3　比亚迪秦 EV 主要高压部件及线束

❓ **引导问题 2**：请查阅相关资料，说说比亚迪秦 EV 的充配电总成分配的能量流动过程。

_____

_____

💡 **知识点提示**

高压配电部件原理

1. 比亚迪秦 EV 充配电总成

充配电总成将车载充电系统、DC/DC 变换器和直流充电配电三者合在一起，体积小、重量轻、功率密度大于 2kW/L，蓄电池电压范围宽，适用于各种蓄电池电压平台，而且直流充电配电设计可以是选择性的和可定制的，如图 6-1-4 所示。

动力蓄电池输出的高压直流电通过充配电总成分配给前驱电动总成控制器逆变成三相可调电压，可变频率的交流电给驱动电机供电，驱动车辆前进。车辆在减速或滑行时，驱动电机的反电动势通过电机控制器内的 IGBT 整流成直流电，通过充配电总成给动力

图 6-1-4 充配电总成

蓄电池充电。高压的直流电到了充配电总成时分为两路，其中一路供给 DC/DC 变换器，输出 13.8V 的低压直流电供给低压供电系统；另一路给空调压缩机或 PTC 供电。接收交流充电接口输送过来的交流电，通过内部升压、整流后给动力蓄电池充电，接收直流充电接口输送过来的高压直流电给动力蓄电池充电。

2. 高压能量流动

（1）**能量消耗** 车辆行驶时，动力蓄电池输出高压直流电经过充配电总成，由充配电总成分配高压电给电机控制器、DC/DC 变换器、电动压缩机或 PTC。电机控制器将高压直流电逆变成三相可变电压、可变频率的交流电，输送给驱动电机，产生驱动力。高压直流电通过 DC/DC 变换器，输出 13.8V 的低压直流电给低压系统供电。同时，给电动压缩机或 PTC 提供高压直流电，如图 6-1-5 所示。

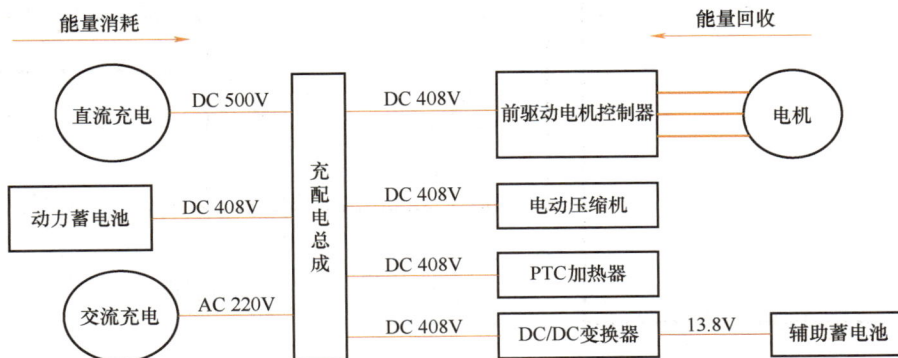

图 6-1-5 高压能量流动原理图

（2）**能量回收** 车辆在减速或滑行时，车轮带动驱动电机旋转，此时驱动电机处于发电模式。驱动电机的反电动势经电机控制器中的 IGBT 整流后经过充配电总成给动力蓄电池充电。

（3）**直流充电** 直流充电桩输出的 DC 500V 电能通过充配电总成中的直流充电正、负极接触器输送给动力蓄电池总成，为其充电。

（4）**交流充电** 交流充电桩输出的电能通过充配电总成中的车载充电机，车载充电机将交流电升压、整流成直流电后通过直流母线输送给动力蓄电池，为其充电。

> ❓ **引导问题 3**：请查阅相关资料，说说比亚迪秦 EV 的预充电工作过程。
>
> _____
>
> _____

💡 知识点提示

预充电工作原理

起动车辆或给车辆充电时，为缓解对高压系统的冲击，蓄电池管理器先吸合正极和预充接触器，动力蓄电池的高压电经过预充接触器串联的限流电阻后加载到电机控制器高压母线上，电机控制器检测到母线上的电压低于动力蓄电池电压 90% 时，通过动力 CAN 通道向蓄电池管理器反馈一个预充满信号，蓄电池管理器接收到预充满信号后控制负极接触器吸合，断开预充接触器，如图 6-1-6 所示。

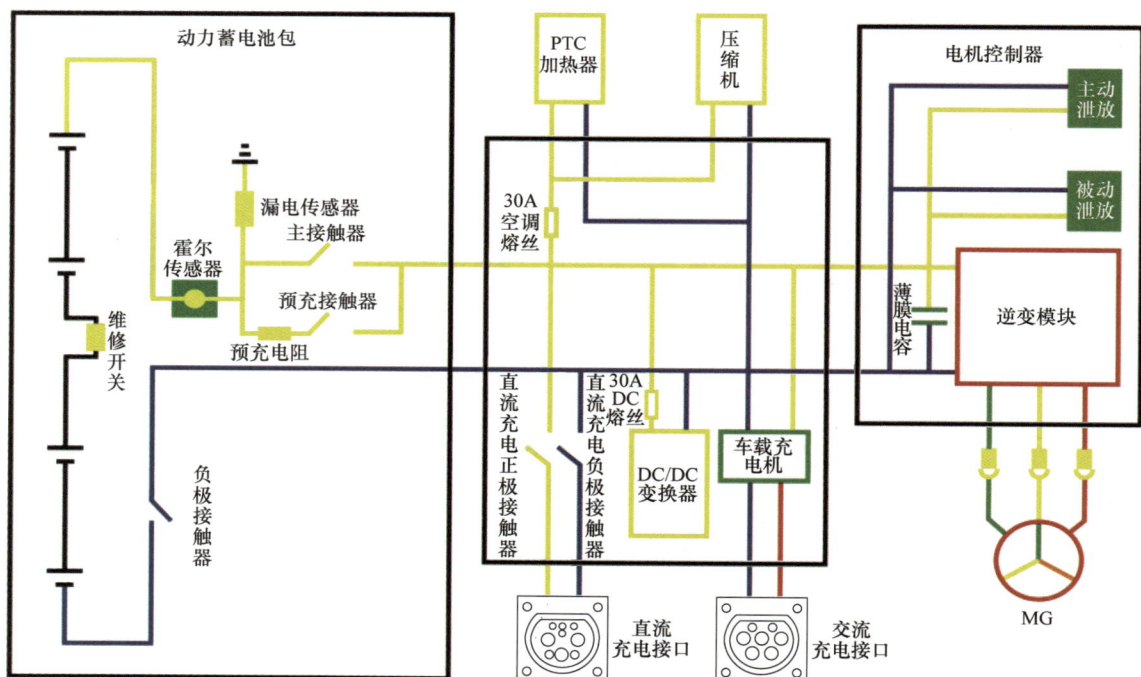

图 6-1-6　比亚迪秦 EV 高压系统框图

进行决策

1）各组派代表阐述资料查询结果。

2）各组就各自的查询结果进行交流并分享技巧。

3）教师结合各组完成的情况进行点评并选出最佳方案。

任务实施

安全要求及注意事项见表 6-1-2，设备及工具清点表见表 6-1-3。

表 6-1-2　安全要求及注意事项

安全要求及注意事项	
1）实训开始前，提前准备好需要使用的个人防护用品，并检查是否符合使用标准。 2）实训开始前，提前做好场地防护，设置警告标识，在操作位置布置好绝缘防护措施。	3）检查实训场地和设备设施是否清洁及存在安全隐患，配电箱、插座是否符合用电需求，如不正常请汇报老师并进行处理。 4）记录车辆铭牌信息，并做好检测结果记录。 5）实训结束后，清理场地和设备，撤除警示标识。

表 6-1-3　设备及工具清点表

名称	数量	清点
比亚迪秦 EV 汽车	1 辆	□清点
道通 MS908E 汽车故障诊断仪	1 个	□清点
数字万用表	1 个	□清点
个人防护套装	1 套	□清点
工位防护套装	1 套	□清点
一体化工量具	1 套	□清点
万用接线盒	1 个	□清点

高压供电不正常的故障诊断与排除

❓ 引导问题 4：扫描二维码，观看不能上高压，无法行驶故障排查视频，并与下面的高压供电不正常故障实训比较，说说两者排查思路和差异性。

不能上高压，
无法行驶的
故障检修

1. 故障现象

一辆比亚迪秦 EV 在踩下制动踏板数次并打开启停开关后，仪表正常亮，如图 6-1-7 所示，"OK" 灯不亮，仪表提示 "EV 功能受限"。经诊断为充配电三合一高压回路故障。

2. 故障分析

1）"OK" 灯不亮说明车辆预充不成功。

2）整车动力系统故障指示灯亮说明：动力蓄电池、车辆的双路电、动力 CAN、VCU、前驱电动总成、高压互锁、高压绝缘等可能存在故障。

图 6-1-7　仪表显示

仪表显示"EV 功能受限""OK"灯不亮，说明车辆高压预充不成功。可以先通过故障诊断仪读取故障码，根据相关的故障码分析。如动力蓄电池管理系统中的预充失败的数据流，关闭起动开关后重新打开，若数据流有正在预充，然后预充失败变化的数据流，就可以排除模块常电、双路电、动力 CAN 以及预充控制电路故障。

不能预充成功的因素有两方面，如图 6-1-8 所示：

1）在控制方面，动力蓄电池管理系统是否允许动力蓄电池放电，即有无限制放电功率。

2）在执行方面，如相关接触器的控制回路故障，电机控制器未检测到母线预充电压，动力蓄电池的电压不能整体输出，动力蓄电池总成高压配电箱中预充接触器、预充电阻、放电主接触器、电机控制器母线电压监测不正常，都可能引起预充失败。

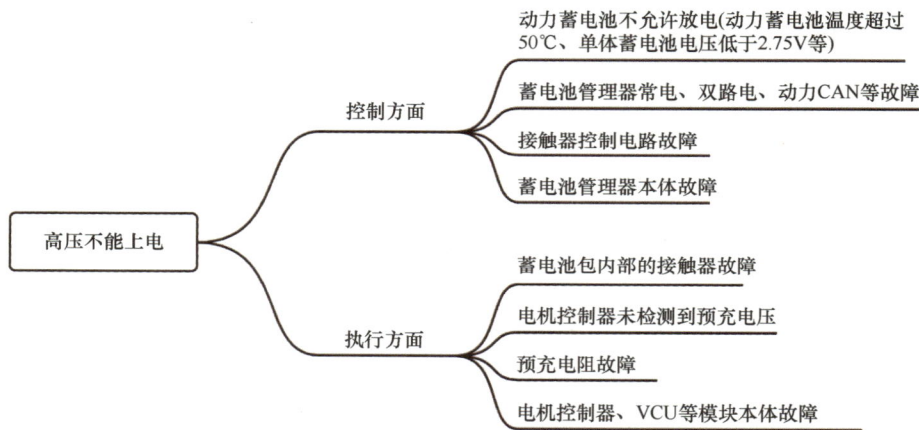

图 6-1-8　高压不能上电的故障原因

3. 故障诊断

1）读取故障码，BMS 报"预充失败"故障码，继续进入 BMS 模块读取数据流，重点关注接触器（负极接触器、正极接触器、预充接触器）的数据，如图 6-1-9 所示。

2）车辆下电，重新起动，观察数据流的变化，预充接触器吸合，负极接触器吸合，持续时间较短，立刻断开。预充状态显示"预充失败"，如图 6-1-10 所示。

3）单独进入电机控制器模块，读取数据流，关注直流母线电压变化。车辆下电，重新起动，数据流显示 7~8V，异常，正常的电压应是动力蓄电池总压的 90%，如图 6-1-11 所示。

4）打开前机舱盖，并揭开前机舱熔断器盒盖，测量 F1-4 与 F1-34 这两个熔丝的电压。F1-4 两端的电压正常应为 12V 左右，F1-34 两端的电压正常，也是 12V 左右，如图 6-1-12~图 6-1-14 所示。

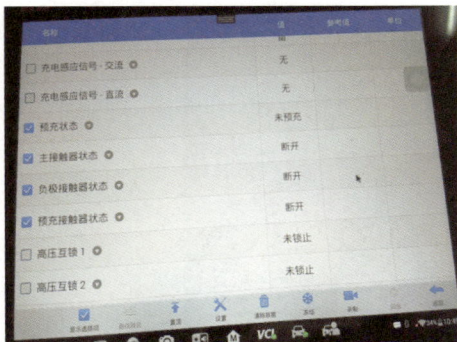

图 6-1-9　读取故障码

图 6-1-10　显示"预充失败"

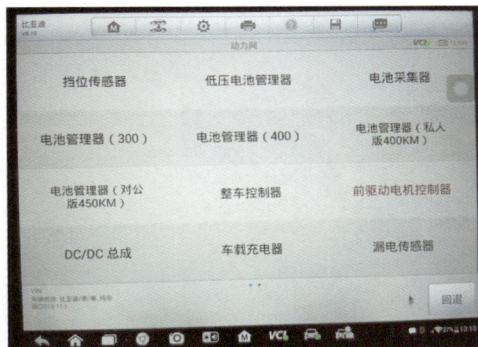

图 6-1-11　读取电机控制器模块数据

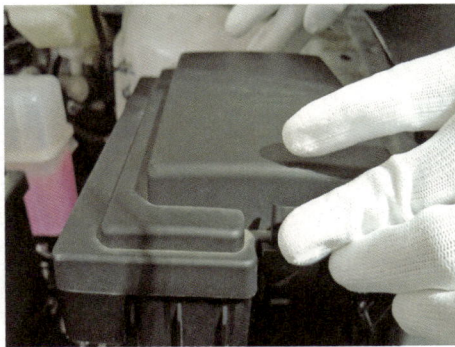

图 6-1-12　揭开前机舱熔断器盒盖

图 6-1-13　测量 F1-4 熔丝电压

　　5）汽车下电，打开前机舱盖，断开辅助蓄电池负极连接，如图 6-1-15 所示。背插 BK45（A）-21 和 BK45（A）-29 的对地电压变化。在上电的过程中，测量 BK45（A）-21 和 BK45（A）-29 的对地电压变化。BK45（A）-21 正常应是从 0 变化为 12V，再迅速地变化为小于 1V 的数值，又在短时间内变化为 12V；BK45（A）-29 正常应是从 0 变化为 12V，再迅速地变化为小于 1V 的数值，如图 6-1-16 所示（微课视频中：BK45（A）-29 的电压是从 0 变化为 12V，再迅速地变化为小于 1V 的数值，又在短时间内变化为 12V，所以 BMS 数据流显示的"预充失败"为真实数据且接触器的控制回路无故障，有其他的故障因素影响 BMS 继续上电）。

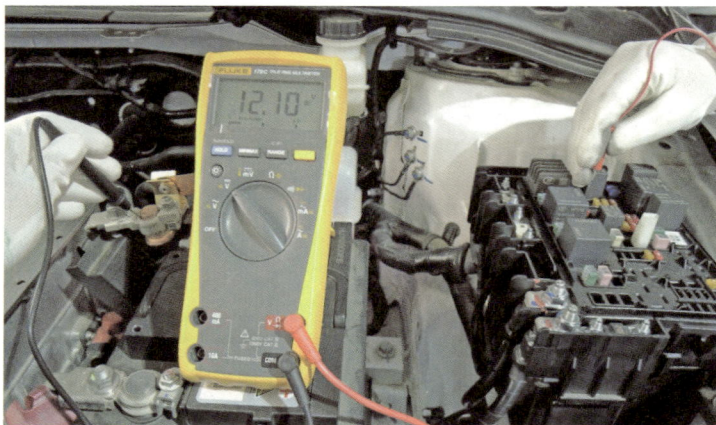

图 6-1-14 测量 F1-34 熔丝电压

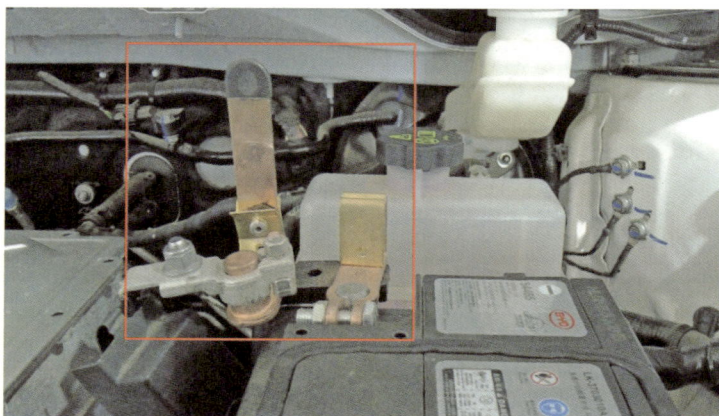

图 6-1-15 断开辅助蓄电池负极连接

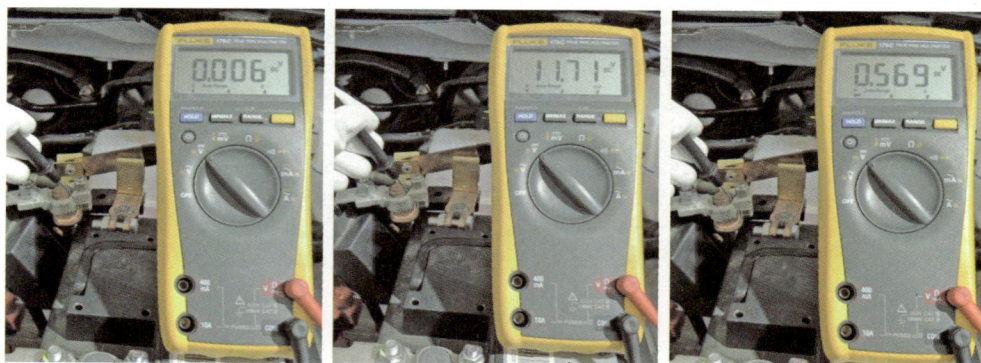

图 6-1-16 正常背插 BK45（A）-21 和 BK45（A）-29 的对地电压变化

6）车辆下电，打开前机舱盖，断开辅助蓄电池负极连接，等待 3min，等待高压电泄放。然后验电，测量动力蓄电池与充配电三合一高压母线插头的电压，低于 10V 为泄放完成，如图 6-1-17 和图 6-1-18 所示。

7）带上绝缘手套，使用绝缘工具拆卸充配电三合一的盖板，打开盖板，检查高压回路（发现驱动电机负极母线维修后并未连接好就合上盖板，导致驱动电机负极回路不正常，所以上电时，电机控制器没有检测到预充电压，预充失败不允许继续高压上电），如图 6-1-19 所示。

图 6-1-17　拔下高压母线插头

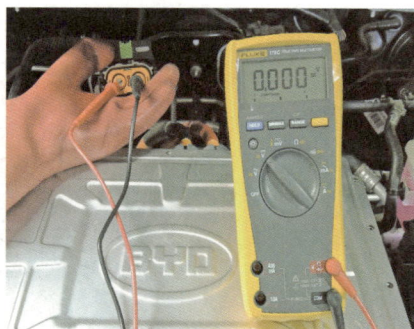

图 6-1-18　测量高压母线插头的电压

图 6-1-19　高压回路未接通故障

4. 故障排除

1）连接驱动电机负极高压母线，如图 6-1-20 所示，合上盖板，连接辅助蓄电池负极，盖好前机舱盖。

2）车辆上电，OK 灯正常亮，故障排除，仪表显示如图 6-1-21 所示。

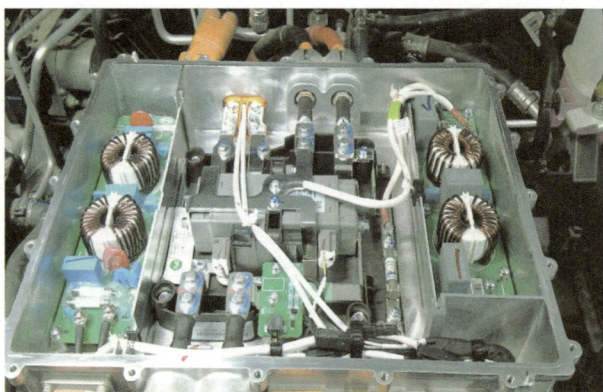

图 6-1-20　连接驱动电机负极高压母线

5. 故障总结

故障点：充配电三合一高压铜排与驱动电机负极母线接触绝缘。预充失败的关键原因从预充成功的标志（正极接触器吸合）分析。正极接触器吸合的条件：电机控制器检测到预充电压达到动力蓄电池总电压的 90%，即预充完成。BMS 才会吸合正极接触器。从故障诊断仪可以看电机控制器的数据流显示检测到预充电压的数值异常，所以预充失败。从这个关键点分析，可能造成的原因有接触器控制电路异常、接触器本体异常、高压回路异常、电机控制器监测异常、电机控制器本体异常等。

图 6-1-21　仪表显示

6. 现场 6S 整理

7. 实训拓展

竞赛指南

全国新能源汽车大赛是由人力资源社会保障部与中国机械工业联合会举办的，赛项内容由理论知识竞赛和实际操作竞赛两部分组成。理论知识竞赛和实际操作竞赛的总成绩为 100 分，其中理论知识竞赛总分占总成绩的 20%，实际操作竞赛总分占总成绩的 80%。竞赛项目的命题结合企业职业岗位对新能源汽车轻量化技术相关人才培养需求，并参照相关国家职业标准及相关技术标准要求制定。

1. 相关职业标准

1）汽车工程运用技术人员国家职业标准（职业编码 2-02-18-01）；

2）汽车装调工国家职业标准（职业编码 6-05-07-01）；

3）汽车修理工国家职业标准（职业编码 6-06-01-02）；

4）汽车生产线操作调整工国家职业标准（职业编码 X6-06-01-04）；

5）汽车检测员国家职业标准（职业编码 6-26-01-26）；

6）汽车维修检验员国家职业标准（职业编码 6-26-01-26）。

2. 相关技术标准

1）GB 18384—2020《电动汽车安全要求》；

2）GB/T 28382—2012《纯电动乘用车　技术条件》；

3）GB/T 18385—2005《电动汽车　动力性能　试验方法》；

4）GB/T 18487.1—2023《电动汽车传导充电系统　第 1 部分：通用要求》；

5）GB/T 20234.1—2023《电动汽车传导充电用连接装置　第 1 部分：通用要求》；

6）GB/T 20234.2—2015《电动汽车传导充电用连接装置　第 2 部分：交流充电接口》；

7）GB/T 19596—2017《电动汽车术语》；

8）德国新能源汽车高压系统操作技能培训及资质认证标准（DGUV 200—005）。

评价反馈

1）各组代表展示汇报 PPT，介绍任务的完成过程。

2）以小组为单位，对各组的操作过程与操作结果进行自评和互评，并将结果填入表 6-1-4 中。

表 6-1-4　学生评价表

姓名			学号			班级			组别		
实 训 任 务											
评价项目	分值	等　级				评价对象（组别）						
		A	B	C	D	1	2	3	4	5	6	7	8
方案合理	20	20	15	10	5								
团队合作	20	20	15	10	5								
工作质量	20	20	15	10	5								
工作规范	20	20	15	10	5								
汇报展示	20	20	15	10	5								
合计	100	各组得分											
总结与反思													

（如：学习过程中遇到什么问题→如何解决的 / 解决不了的原因→心得体会）

≫ 教师对学生工作过程与工作结果进行评价，并将评价结果填入表 6-1-5 中。

表 6-1-5　教师对学生评价表

姓名			学号		班级		组别	
实训任务								
评价项目			评价标准				分值	得分
考勤（10%）			无故意迟到、早退和旷课的现象				10	
工作过程（60%）	知识目标	获取信息	掌握工作相关知识				10	
		进行决策	制订工作方案，方案合理可行				10	
	技能目标	任务实施	能够使用故障诊断仪检测车辆故障码和数据流信息				5	
			能够分析高压不正常故障的原因				5	
			能够识读蓄电池管理器电气图				5	
			能够完成高压供电不正常故障的诊断与排除				5	
	素养目标	工作态度	认真严谨、积极主动、安全生产、文明施工				5	
		团队合作	与小组成员、同学之间能合作交流、协调工作				5	
		工作质量	能按照工作方案操作，按计划完成工作任务				10	
项目成果（30%）		工作完整	能按时完成工作任务的所有环节				10	
		工作规范	能在整个操作过程中规范操作，避免意外事故的发生				10	
		汇报展示	能准确表达、汇报工作成果				10	
合计							100	
综合评价		学生评价（50%）		教师评价（50%）			综合得分	
综合评语		（作业过程中存在的问题及改进建议）						

任务二　高压互锁的故障诊断与排除

🎯 任务目标

知识目标

1. 掌握高压互锁的作用。
2. 掌握高压互锁的控制策略。
3. 掌握比亚迪秦 EV 高压互锁的原理。

技能目标

1. 能够使用示波器和万用表进行互锁电路信号完整性检测与分析。
2. 能够正确阅读厂家技术手册进行互锁电路区间测量。
3. 能够使用故障诊断仪读取并分析互锁电路工作状态。

素养目标

1. 认真严谨、积极主动、安全生产、文明施工。
2. 与小组成员、同学之间能合作交流、协调工作。
3. 获得分析问题和解决问题的基本方法。
4. 积极主动与小组成员交流、讨论学习成果，取长补短，完成自我提升。

⚓ 任务框图

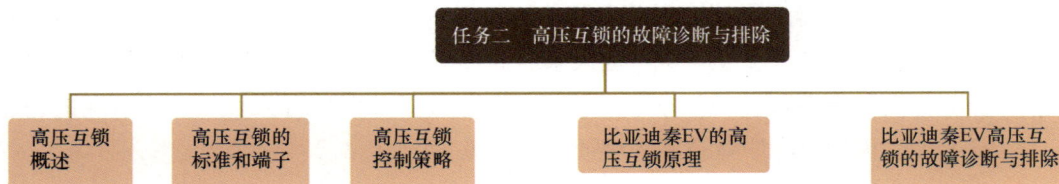

↩ 任务导入

　　一辆比亚迪秦 EV 高压不能上电，使用故障诊断仪检测后发现报高压互锁故障。你知道本车的高压互锁连接图吗？如何快速诊断出故障部位呢？

👥 任务分组

学生任务分配表见表 6-2-1。

表 6-2-1　学生任务分配表

班　级		组　号		指导教师	
组　长		学　号			
组　员	姓名：＿＿＿＿＿　学号：＿＿＿＿＿		姓名：＿＿＿＿＿　学号：＿＿＿＿＿		
	姓名：＿＿＿＿＿　学号：＿＿＿＿＿		姓名：＿＿＿＿＿　学号：＿＿＿＿＿		
	姓名：＿＿＿＿＿　学号：＿＿＿＿＿		姓名：＿＿＿＿＿　学号：＿＿＿＿＿		
	姓名：＿＿＿＿＿　学号：＿＿＿＿＿		姓名：＿＿＿＿＿　学号：＿＿＿＿＿		
任 务 分 工					

（就组织讨论、工具准备、数据采集、数据记录、安全监督、成果展示等工作内容进行任务分工）

获取信息

？ 引导问题 1：请查阅相关资料，说说高压互锁的作用是什么。

＿＿＿＿＿＿＿＿＿＿＿＿＿＿＿＿＿＿＿＿＿＿＿＿＿＿＿＿＿＿＿＿＿＿＿＿＿＿

＿＿＿＿＿＿＿＿＿＿＿＿＿＿＿＿＿＿＿＿＿＿＿＿＿＿＿＿＿＿＿＿＿＿＿＿＿＿

职业认证　　　智能新能源汽车职业技能等级要求（高级）中的动力蓄电池故障诊断分析任务涉及动力蓄电池线束、插接器、端子损坏或断开引起的故障诊断。通过智能新能源汽车职业技能等级（高级）考核可获得教育部颁发的智能新能源汽车职业技能等级证书（高级）。

知识点提示

高压互锁概述

　　根据国家标准，直流电压超过 60V、交流电压超过 25V 定义为高压。因此依据 ISO 6469 国际标准中的规定，电动汽车（包括 BEV、PHEV 等车型）高压部件的接插件都应具有高压互锁装置。图 6-2-1 所示为直流与交流电的高压标准。

　　高压互锁（High Voltage Interlock Loop，HVIL）使用 12V 低压系统中的小电流来确认整个高压电气系统的完整性，整车所有高压部件的接插件都必须安装到位，无短路或断路的情况。当蓄电池管理器检测到高压互锁回路断开或是完整性受到破坏时，蓄电池管理器启动故障报警，仪表"OK"指示灯不亮，提醒"EV 功能受限"同时伴随故障的蜂鸣声。蓄电池管理器控制动力蓄电池内的正、负极接触器断开，使车辆无法起动，最大限度保障乘员的安全。若车辆在行驶过程中，蓄电池管理器检测到高压互锁断路，除了通过必要的警告灯和警告音提醒驾驶人外，蓄电池管理器会控制动力蓄电池限制输出功率，强制降低驱动电机的输出功率，强制降低车速，使车辆始终处于一个降低速的运行状态下，给驾驶人足够的时间和机会寻找合适的地点停车。

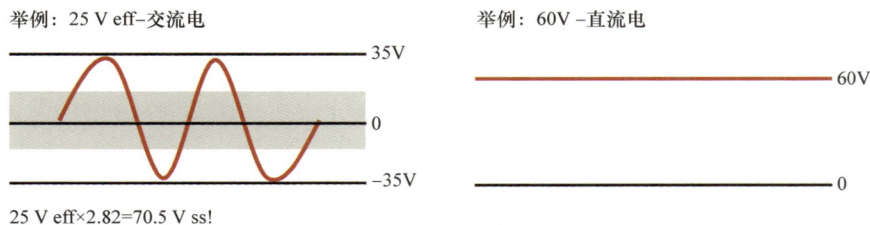

图 6-2-1　直流与交流电的高压标准

高压互锁分为结构互锁、功能互锁和软件互锁三类。

1）结构互锁指各高压部件的高压接插件之间通过高压互锁线束串联起来，当接插件安装到位才可保证高压系统的完整性。

2）功能互锁是以充电优先原则互锁，即当插上充电枪后车辆不能上电行驶，但可以使用空调系统，如压缩机制冷、PTC 加热。

3）软件互锁是比亚迪特有的技术，当判断出高压接插件后端母线电压低于动力蓄电池总电压的 1/2 则互锁故障。参与软件互锁的高压部件有动力蓄电池、PTC 和电动压缩机。使用软件互锁的量产车型有 e2、汉 EV 等车型。

> ❓ 引导问题 2：请查阅相关资料，说说高压互锁连接与断开的过程。
>
> _____
>
> _____

💡 知识点提示

高压互锁的标准和端子

在 ISO 国际标准《ISO 6469-3：2001 电动汽车安全技术规范第 3 部分：人员电气伤害防护》中，规定车上的高压部件应具有高压互锁装置，但并没有详细地定义高压互锁系统。高压互锁也指危险电压互锁回路（HVIL Hazardous Voltage InterlockLoop）：通过使用电气小信号来检查整个高压产品、导线、插接器及护盖的电气完整性（连续性），识别整个高压系统的完整性，当高压直流系统回路断开或者完整性受到破坏时，就需要启动安全措施了，即断开高压系统。

目前，高压互锁设计大多是集成于高压线束接插件，即在高压线束接插件上，额外多一组低压回路用于检测高压互锁的回路完整性。

具备高压互锁功能的高压接插件由壳体、高压导电件、低压信号导电件和监测器及监测电路组成。一般高压接插件的构造是对插的一对公头、母头上，分别固定着一对高压接插件和一对低压接插件，如图 6-2-2 所示。

高压互锁结构包含在接插件内部，通过互锁端子和主回路（高压）端子的长度和位置差异，可以在连接时，先连接高压端子，再连接低压端子；断开时，先断开低压端子，再断开高压端子。

图 6-2-2　高压接插件的构造

高压及互锁端子连接顺序如图 6-2-3 所示，高压及互锁端子断开顺序如图 6-2-4 所示。

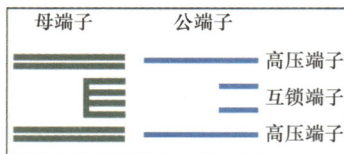

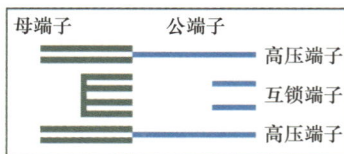

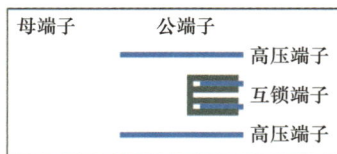

图 6-2-3　高压及互锁端子连接顺序

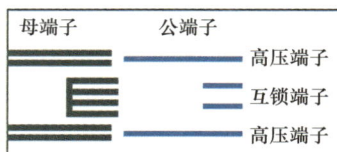

图 6-2-4　高压及互锁端子断开顺序

❓ 引导问题 3：请查阅相关资料，说说高压互锁控制的策略有哪几种。

_____

_____

💡 **知识点提示**

高压互锁控制策略

当蓄电池管理器检测到高压互锁回路信号断开，为确保整个高压系统的安全，蓄电池管理器将会采取一系列的控制策略。

1. 故障报警

常通过仪表警告灯亮起或发出警告声等形式提醒驾驶人注意车辆情况，尽早将车辆送至专业维修点检测，避免发生安全事故。

2. 切断高压电输出

当车辆处于停止状态，BMS 检测到高压互锁断开时，除了进行必要的警告外，还会直接切断高压电输出，使车辆无法起动，最大限度地保障乘员安全。

3. 降低高压输出功率

当车辆处于行驶状态下，BMS 检测到高压互锁断开时，若直接切断高压电输出会产生严重的、不可控的后果，此时除了通过必要的警告灯/警告音提醒驾驶人外，高压控制系统将强制降低驱动电机的输出功率，强制降低车速，使车辆始终处于一个降低速的运行状态下，给驾驶人足够的时间和机会寻找合适的地点停车。如驾驶人在停车后未及时将车辆送检维修，那么在下次起动车辆时，BMS 将会直接切断高压电，以保障用户及车辆安全。

> ❓ 引导问题 4：请查阅资料，说说你所了解的新能源汽车高压互锁回路有几条？主要的部件有哪些？
>
> _____
>
> _____

💡 **知识点提示**

比亚迪秦 EV 的高压互锁原理

1. 比亚迪秦 EV 的高压部件

比亚迪秦 EV 的主要高压部件包括动力蓄电池、蓄电池管理器、电动压缩机、PTC 加热器等，如图 6-2-5 所示。高压接插件如交流充电接插件、直流充电高压接插件、动力蓄电池组与动力蓄电池组高压接插件总成均带有互锁回路，当其中某个接插件断开时，蓄电池管理器便会检测到高压互锁回路存在断路，为保护人员安全，将立即进行报警并断开主高压回路电气连接，同时激活主动泄放高压电。

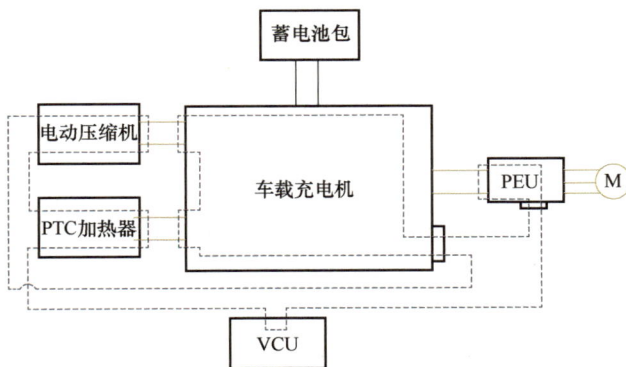

图 6-2-5 比亚迪秦 EV 的主要高压部件

2. 比亚迪秦 EV 的高压互锁回路

如图 4-2-8 所示，比亚迪秦 EV 有两条高压互锁回路：

（1）高压互锁 1 的回路　由蓄电池管理器 BK45（B）-4 端输出高压互锁信号至动力蓄电池 BK51-30 输入，从动力蓄电池 BK51-29 输出至 PTC 端的 GB34-3 输入，GB34-6 端输出至充配电总成中的 BK46-12 输入，从 BK46-13 输出至蓄电池管理器 BK45（B）-5 输入，形成高压互锁 1 的回路。

（2）高压互锁 2 的回路　由蓄电池管理器 BK45（B）-10 端输出高压互锁信号至充配电总成 BK46-15 端输入，从 BK46-14 端输出到蓄电池管理器 BK45（B）-11 端输入，形成整个高压互锁 2 的回路。

3. 高压互锁检测在实车中的常见类型

常见类型有两种，一种是通过控制器中的低压互锁线束来检测整车高压回路，如图 6-2-6

所示；另一种是在控制器端盖布置开盖检测装置检测整车高压回路，如图 6-2-7 所示。

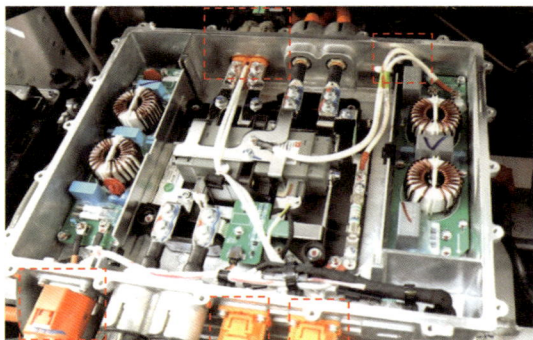

图 6-2-6　互锁装置检测

图 6-2-7　互锁装置，开盖检测

进行决策

1）各组派代表阐述资料查询结果。

2）各组就各自的查询结果进行交流并分享技巧。

3）教师结合各组完成的情况进行点评并选出最佳方案。

任务实施

安全要求及注意事项见表 6-2-2，设备及工具清点表见表 6-2-3。

表 6-2-2　安全要求及注意事项

安全要求及注意事项	
1）实训开始前，提前准备好需要使用的个人防护用品，并检查是否符合使用标准。 2）实训开始前，提前做好场地防护，设置警告标识，在操作位置布置好绝缘防护措施。	3）检查实训场地和设备设施是否清洁及存在安全隐患，配电箱、插座是否符合用电需求，如不正常请汇报老师并进行处理。 4）记录车辆铭牌信息，并做好检测结果记录。 5）实训结束后，必须清理场地和设备，撤除警示标识。

表 6-2-3　设备及工具清点表

名称	数量	清点
比亚迪秦 EV	1 辆	□清点
道通 MS908E 汽车故障诊断仪	1 个	□清点
数字万用表	1 个	□清点
万用接线盒	1 个	□清点
工位防护套装	1 套	□清点
示波器	1 个	□清点
个人防护套装	1 套	□清点

比亚迪秦 EV 高压互锁的故障诊断与排除

1. 故障现象

一辆比亚迪秦 EV 上电起动车辆，仪表"OK"灯不亮，仪表提示"EV 功能受限"，如图 6-2-8 所示。

2. 故障分析

起动车辆发现仪表"OK"灯不亮，仪表提示"EV 功能受限"。首先使用故障诊断仪进行诊断，故障诊断仪显示 P1A6000 高压互锁故障，如图 6-2-9 所示。

图 6-2-8　仪表显示

图 6-2-9　故障诊断仪显示高压互锁故障

导致高压互锁故障的主要原因有高、低压线束插头松脱，高压元器件损坏等，如图 6-2-10 所示。

图 6-2-10　导致高压互锁故障的原因

3. 故障诊断

1）连接故障诊断仪，查看故障码及数据流，通过故障诊断仪信息发现高压互锁状态——锁止，如图 6-2-11 所示。当故障诊断仪报高压互锁故障，此时需要仔细检查车辆各高压接插件是否虚接或脱落等。

2）断开辅助蓄电池负极连接，拔下充配电总成低压插头，如图 6-2-12 所示。

3）查询电气原理图（图 4-2-8），测量 BK45（B）#4（背插）与 BK45（B）#5（背插）之间的电阻值为无穷大（图 6-2-13），标准值为 $0\sim1\Omega$；测量 BK45（B）#4 与 BK46#13 之间的电阻值为 0.6Ω（图 6-2-14），标准值为 $0\sim1\Omega$；测量 BK45（B）#5 与 BK46#13（背插）之间的电阻值为无穷大（图 6-2-15），标准值为 $0\sim1\Omega$。

4. 故障排除

确定故障点为充配电总成高压互锁输出端 BK46#13 到蓄电池管理器 B 高压互锁输入端 BK45（B）#5 电路故障，恢复高压互锁电路，车辆上电，仪表"OK"灯亮，故障排除。

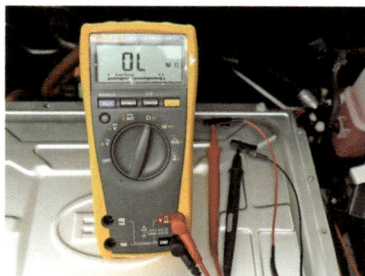

图 6-2-11　故障码及数据流

图 6-2-12　低压插头

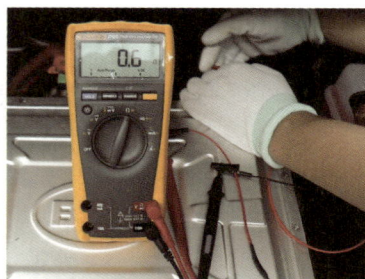

图 6-2-13　测量 BK45（B）#4（背插）与 BK45（B）#5（背插）的电阻值

图 6-2-14　测量 BK45（B）#4 与 BK46#13 的电阻值

图 6-2-15　测量 BK45（B）#5 与 BK46#13（背插）的电阻值

5. 故障总结

充配电总成高压互锁输出端 BK46#13 到蓄电池管理器 B 高压互锁输入端 BK45（B）#5 电路故障，引起互锁系统故障，导致高压无法上电，OK 灯不亮。

6. 现场 6S 整理

7. 实训拓展

> **竞赛指南**
>
> 高压安全防护一直是新能源汽车的热点话题，高压电对人体的危害、触电的急救措施、带电检测高压器件的注意事项、非标准工位进行新能源汽车维修的注意事项、人身安全防护的注意事项等知识都是历年高职竞赛考核要点。以 2020 年全国行业职业技能竞赛——第二届全国新能源汽车关键技术技能大赛汽车维修工（新能源汽车电控技术）决赛为例，使用主流纯电动汽车，要求车辆具有主被动泄放、高压互锁等多重安全保护功能。该比赛实训时间为 90min，要求完成以下内容：

竞赛指南

1）执行 PDI（Pre Delivery Inspection，出厂前检查），发现故障。

2）执行车辆高压断电、高压系统绝缘检测和安全防护。

3）低压系统异常故障检修。

4）车辆无法充电故障检修。

5）车辆无法高压上电故障检修。

6）车辆无法正常行驶故障检修。

7）故障排除后，完成 PDI。

整个评判过程重点考查选手的仪器设备规范使用、整车检测的能力，新能源汽车电控系统结构和控制逻辑掌握应用的能力，规范进行高压安全防护与操作的能力，正确使用技术资料进行故障综合分析的能力，正确使用诊断设备进行整车故障检测、诊断与排除的能力。

评价反馈

1）各组代表展示汇报 PPT，介绍任务的完成过程。

2）以小组为单位，对各组的操作过程与操作结果进行自评和互评，并将结果填入表 6-2-4 中。

表 6-2-4　学生评价表

姓名		学号			班级			组别			
实训任务											
评价项目	分值	等　级				评价对象（组别）						
		A	B	C	D	1	2	3	4	5	6	7	8
方案合理	20	20	15	10	5								
团队合作	20	20	15	10	5								
工作质量	20	20	15	10	5								
工作规范	20	20	15	10	5								
汇报展示	20	20	15	10	5								
合计	100	各组得分											
总结与反思													

（如：学习过程中遇到什么问题→如何解决的 / 解决不了的原因→心得体会）

教师对学生工作过程与工作结果进行评价，并将评价结果填入表6-2-5中。

表 6-2-5　教师对学生评价表

姓名				学号		班级		组别	
实训任务									
评价项目			评价标准					分值	得分
考勤（10%）			无故意迟到、早退和旷课的现象					10	
工作过程 （60%）	知识目标	获取信息	掌握工作相关知识					10	
		进行决策	制订工作方案，方案合理可行					10	
	技能目标	任务实施	能够使用故障诊断仪检测车辆故障码和数据流信息					5	
			能够分析高压互锁故障的原因					5	
			能够识读高压互锁回路电气原理图					5	
			能够完成比亚迪秦EV高压互锁的故障诊断与排除					5	
	素养目标	工作态度	认真严谨、积极主动、安全生产、文明施工					5	
		团队合作	与小组成员、同学之间能合作交流、协调工作					5	
		工作质量	能按照工作方案操作，按计划完成工作任务					10	
项目成果 （30%）		工作完整	能按时完成工作任务的所有环节					10	
		工作规范	能在整个操作过程中规范操作，避免意外事故的发生					10	
		汇报展示	能准确表达、汇报工作成果					10	
合计								100	
综合评价		学生评价（50%）		教师评价（50%）			综合得分		
综合评语		（作业过程中存在的问题及改进建议）							

💬 情智课堂

如何避开新能源汽车高压危险？

新能源汽车的电压从 200V 到 600V 不等，甚至高达 800V，当你在坐车或修车时，是否会害怕车上的高压电？车上如此多的高压部件，如何设计才能避开高压危险呢？

1. 识别高压警示标志

1）橙色高压线束：橙色波纹管隔离防护高压电，提示和警示维修人员。

2）橙色高压插接器：橙色提示和警示维修人员，同时插接器应达到 IP67 的防护等级。

3）高压警告标志：黄色及标志符号提示和警示维修人员。

2. 断开维修开关

维修人员在对高压新能源汽车进行作业时，应先当拔下维修开关，动力蓄电池的动力输出立即中断，并且在断开动力蓄电池的动力输出后，需等待 5min 才能接触高压部件。

3. 设计碰撞安全

1）碰撞过程中避免乘员和行人遭受触电风险，在保证人员安全的情况下尽量保护关键零部件不受损伤。

2）碰撞后保证维护和救援人员没有触电风险。为此，有些车辆设计有惯性开关，串联在高压接触器的供电回路中。当发生碰撞时，惯性开关断开，从而切断高压接触器的供电电源，此时动力蓄电池的高压输出便会被断开，保证了乘员、行人、维护和救援人员的高压安全。

4. 设计电气安全

1）设计预充电回路。

2）绝缘电阻检测系统短路保护器。当高压系统出现短路等危险情况时，为保护乘员和关键零部件，需设计短路保护器。如果流过短路保护器的电流大于限值，则该保护器便会被熔断。

3）高压互锁回路设计。

4）动力蓄电池与外部高压回路之间设计有高压接触器。

5）高压插接件防尘、防水的要求。

5. 设计充电安全

在充电时需要防止车辆移动，以及避免快充、慢充、行驶模式之间的冲突，为此进行以下设计：

1）只有档位置于 P 位时才允许充电。

2）在充电过程中，转矩需求及实际转矩输出都应为 0。

3）当插上充电枪后，不允许闭合控制高压电输出的接触器。

4）当充电回路绝缘电阻小于标准要求的阻值时，应当停止充电并断开高压接触器。

尽管已经从多方面进行高压安全的设计和防护，但为保证人身安全和新能源汽车电气设备的安全，技术人员在使用、维护、维修新能源汽车时，必须把电气安全工作放在首位。个人或维修企业都应该贯彻安全第一、预防为主的方针，加强安全用电教育和安全技术培训，掌握人体触电事故的常见原因及防护技术，采取各种切实有效的措施防止事故发生。

项目七
充电系统的故障诊断与排除

任务一　慢充不充电的故障诊断与排除

🎯 任务目标

知识目标
1. 掌握交流充电（慢充）系统的组成。
2. 掌握交流充电（慢充）接口规范、测量及保养方法等。
3. 掌握交流充电（慢充）系统的控制策略。
4. 掌握交流充电（慢充）典型故障。

技能目标
1. 能正确使用工具套装进行交流充电底座的拆装。
2. 能正确使用故障诊断仪读取交流充电系统的数据流。
3. 能够配合实车说出交流充电电流的流向。
4. 能独立完成交流充电系统CC/CP的故障诊断。

素养目标
1. 认真严谨、积极主动、安全生产、文明施工。
2. 获得分析问题和解决问题的基本方法。
3. 积极主动与小组成员交流、讨论学习成果，取长补短，完成自我提升。

✈ 任务框图

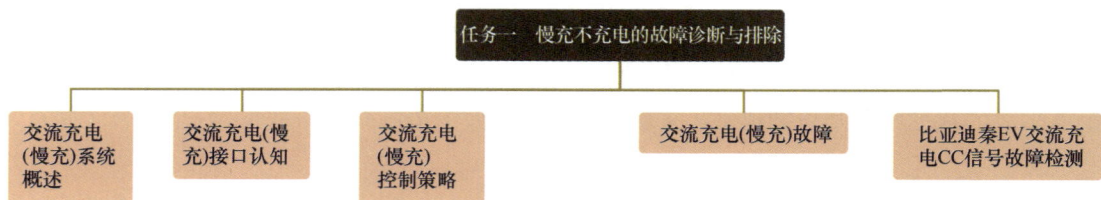

任务导入

　　一位客户到比亚迪 4S 店购买纯电动汽车，想要了解纯电动汽车的充电方式。作为 4S 店的一名销售经理，请你带客户选择比亚迪主流车型秦 EV，并请一位专业的技师为其介绍纯电动汽车充电系统。

　　首先介绍交流充电系统的组成、控制策略和电流流向等，然后通过完成交流充电系统 CC 信号故障检测、交流充电系统 CP 信号故障检测来介绍交流充电系统常见故障的诊断方法。

　　通过以上学习，完成对比亚迪纯电动汽车交流充电系统从认知到故障诊断的基础学习，使客户对充电系统有较全面的认识。

任务分组

学生任务分配表见表 7-1-1。

表 7-1-1　学生任务分配表

班　级		组　号		指导教师	
组　长		学　号			
组　员	姓名：_____　学号：_____		姓名：_____　学号：_____		
	姓名：_____　学号：_____		姓名：_____　学号：_____		
	姓名：_____　学号：_____		姓名：_____　学号：_____		
	姓名：_____　学号：_____		姓名：_____　学号：_____		
任 务 分 工					

（就组织讨论、工具准备、数据采集、数据记录、安全监督、成果展示等工作内容进行任务分工）

获取信息

❓ 引导问题 1：某比亚迪秦 EV 车主开车途经充电桩，打算给自己的车辆充电。请问他应该选择交流充电模式还是直流充电模式呢？一套完整的充电设备包括哪些部件呢？

_____

_____

💡 知识点提示

交流充电（慢充）系统概述

交流充电过程中电网输入给车辆的电压为交流电，可以是 AC220V 单相电或 AC380V 三相电。通过交流充电桩连接新能源汽车的交流充电接口，并通过车载充电机（OBC）对交流电进行升压并转化为直流电，然后通过车载充电机内部的整流模块整流成符合该车辆所需要的电压对其动力蓄电池充电，该过程称为交流充电，也称为慢充。

交流充电的部件主要有车载充电机、交流充电插座（交流充电插座线束）、充电线、交流充电桩或 220V 交流电源和车辆控制器（VCU、BMS）等。图 7-1-1 所示为交流充电系统的组成部件。

交流充电插座和车载充电机固定在车辆上，充电线随车配送，交流充电桩固定在停车场，各部件的作用如下：

1）车载充电机是交流充电系统的关键部件，其根据控制指令把交流电转化为直流电给动力蓄电池充电。

图 7-1-1　交流充电系统的组成部件
a）车载充电机　b）充电线
c）交流充电插座　d）交流充电桩

2）交流充电插座是国家标准件，是车辆连接外部电网的接口，其接口有两个信号回路、一个接地回路、一个零线回路和三个相线回路，一共有七个接口，根据输入的电压是 AC220V 或 AC380V，应用相应的相线接口。

3）车辆控制器监控车辆的状态。并发出控制指令给车载充电机，控制其工作电流和电压等，使其正常工作或停止工作，是车辆充电的控制"大脑"。

4）模式 2 充电线是连接外部电网和车辆的充电线，直接给车载充电机提供 AC220V 电源。其线缆上的功能盒可检测车辆和电网状态，连接或断开给车辆的供电，具有一定的保护功能。根据标准要求，其输入的充电电流限制在 13A 以内，输入电压为 AC220V，因此采用模式 2 的充电线充电时，车载充电机的输入最大功率为 2860W，即充电时间会延长。

5）交流充电桩是车辆连接外部电网的部件，直接给车载充电机提供 AC220V 或 AC380V 电源，具有检测车辆和电网状态、连接或断开给车辆供电的功能。充电桩的供电电压有 AC220V 和 AC380V，根据充电桩的输出功率而定。根据标准要求，交流充电桩的输出电流大于 32A 时，供电电压必须采用 AC380V。因此采用交流充电桩充电时，充电功率较大，即充电时间会缩短。

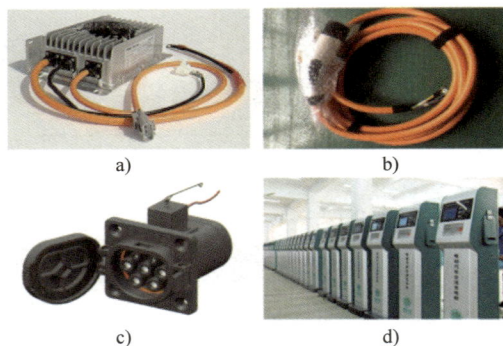

❓ 引导问题 2：GB/T 20234.2—2015《电动汽车传导充电用连接装置 第 2 部分：交流充电接口》对交流充电接口进行了规范，请问规范是什么？

_____

_____

💡 知识点提示

交流充电（慢充）接口认知

1. 交流充电接口

充电接口是指用于连接活动电缆和电动汽车的充电部件，它由充电插座和充电插头两部分组成，是传导式充电机的必备设备。充电插头在充电过程中与充电插座进行结构耦合，从而实现电能的传输。GB/T 20234.2—2015《电动汽车传导充电用连接装置 第2部分：交流充电接口》对交流充电接口进行了规范。

交流充电接口端子如图7-1-2所示。

2. 交流充电接口的测量

（1）交流充电接口端子测量　当充电桩功率低于7kW时，交流电通过双向逆变器中的车载充电机对动力蓄电池进行充电；当充电桩功率高于7kW时，交流电直接通过双向逆变器对动力蓄电池进行充电。交流充电接口端子测量结果见表7-1-2。

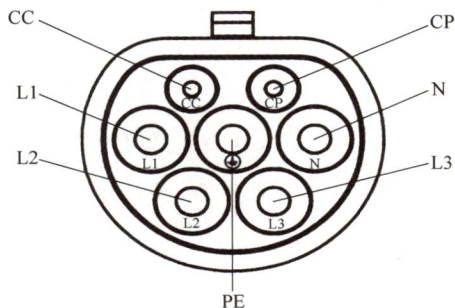

图 7-1-2　交流充电接口端子

L1—交流电源（单相）　L2、L3—交流电源（三相）空
N—中性线　　PE—保护接地，连接供电设备地线和车辆电平台
CC—充电连接确认　　CP—控制导引

表 7-1-2　交流充电接口端子测量结果

CC 与 PE 阻值			
3.3kW 及以下充电盒	680Ω	VTOL（预留）	2kΩ
7kW 及以下充电盒	220Ω	VTOL（预留）	100Ω
40kW 及以下充电盒	100Ω	—	—

（2）交流充电高压线束　连接交流充电接口到高压电控总成之间的线束，如图7-1-3所示。

3. 交流充电接口保养

充电接口作为传导充电方式的连接部件，一定存在磨损老化问题，需要纳入保养范围，具体保养项目如下：

1）车辆熄火，整车解锁，打开充电接口舱盖及充电接口盖。

2）目视检查充电接口塑料绝缘壳体外观有无热熔变形，有严重热熔变形影响正常使用的情况，则需要更换。

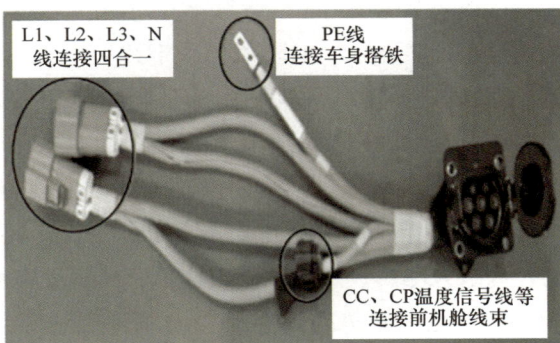

图 7-1-3　交流充电高压线束

3）目视检查充电接口内部以及端子内部有无异物，如果有异物的情况，则需要使用高压气枪排出异物。若无法排出且影响正常使用，则需更换。

4）目视检查充电接口端子簧片及底部有无变黑，变黑的需要更换。

5）目视检查充电接口端子簧片及底部有无变黄，如变黄请打开行李舱门，打开左后侧检修口排查充电接口尾部电缆是否烧黑及变形（需辅助照明仔细观察）。如变黄且伴随尾部电缆外层变黑，则需更换。

6）目视检查端子簧片有无断裂，断裂的需要更换。

7）超过质保期的充电接口需自费更换（不更换的需告知使用安全隐患以及连带充电枪损失）。

❓ 引导问题 3：某比亚迪秦 EV 车主想在自家小区的地下车库充电，请问需要满足什么条件才能实现正常充电呢？

_____

_____

💡 **知识点提示**

交流充电（慢充）控制策略

1. 交流充电过程

交流充电过程如图 7-1-4 所示，将交流充电枪插入交流充电接口，车载充电机的低压插件输出 12V 电源到交流充电接口 B53，交流充电枪端的 CC 与 PE 的电阻通过充电接口来的 12V 电源，车载充电机会接收到电流大小变化即可知道充电枪的充电功率和充电电流。车载充电机的数据通过充配电总成的动力 CAN 总线与网关控制器进行交互，车身配电模块（BCM）控制 IG3 继电器吸合，蓄电池管理器、VCU、电机控制器等模块得到双路电，蓄电池管理器将动力蓄电池当前状态通过动力 CAN 总线与充配电总成做信息交互，车载充电机输出一个占空比信号，交流充电枪进来的交流电通过车载充电机进行升压整流后给动力蓄电池充电。

2. 交流充电 CC/CP 控制策略

根据标准要求，CC 信号是充电插头和充电插座是否连接的判断信号，同时车辆根据 CC 的信号值判断 RC 的电阻值，确定线束的容量。CP 信号用来判断供电设备的供电能力，通过 PWM 值确定。电气原理图中的各电阻值和 PWM 值都必须满足标准要求，且控制器必须按照标准进行判断，以满足车辆在市场上的充电需求。

交流充电系统是纯电动汽车的核心，动力蓄电池的充电过程由 BMS 进行控制及保护。车载充电机工作状态及指令均由 BMS 控制，包括工作模式指令、动力蓄电池允许最大电压、充电允许最大电流、加热状态电流值。交流充电系统原理示意图如图 7-1-5 所示。

（1）充电 CC/CP 控制逻辑　OFF 档时，当充电枪插入后，CC 检测由悬空变为接地，通过检测点 3 与 PE 间的电阻值来判断车辆插头与车辆插座的连接状态，确认当前充电连接装置（电缆）的额定容量并使充电连接指示灯亮。通过测量检测点 2 的 PWM 信号占空比确认当前供电设备的最大供电电流，当车辆检测到充电枪输出占空比时，允许车辆充电。

当车辆处于交流充电模式下，车载充电机检测交流充电接口的 CC、CP 信号（充电枪插入、导通信号）并唤醒 BMS，BMS 唤醒车载充电机并发送指令充电，同时闭合主继电器，动力蓄电池开始充电。

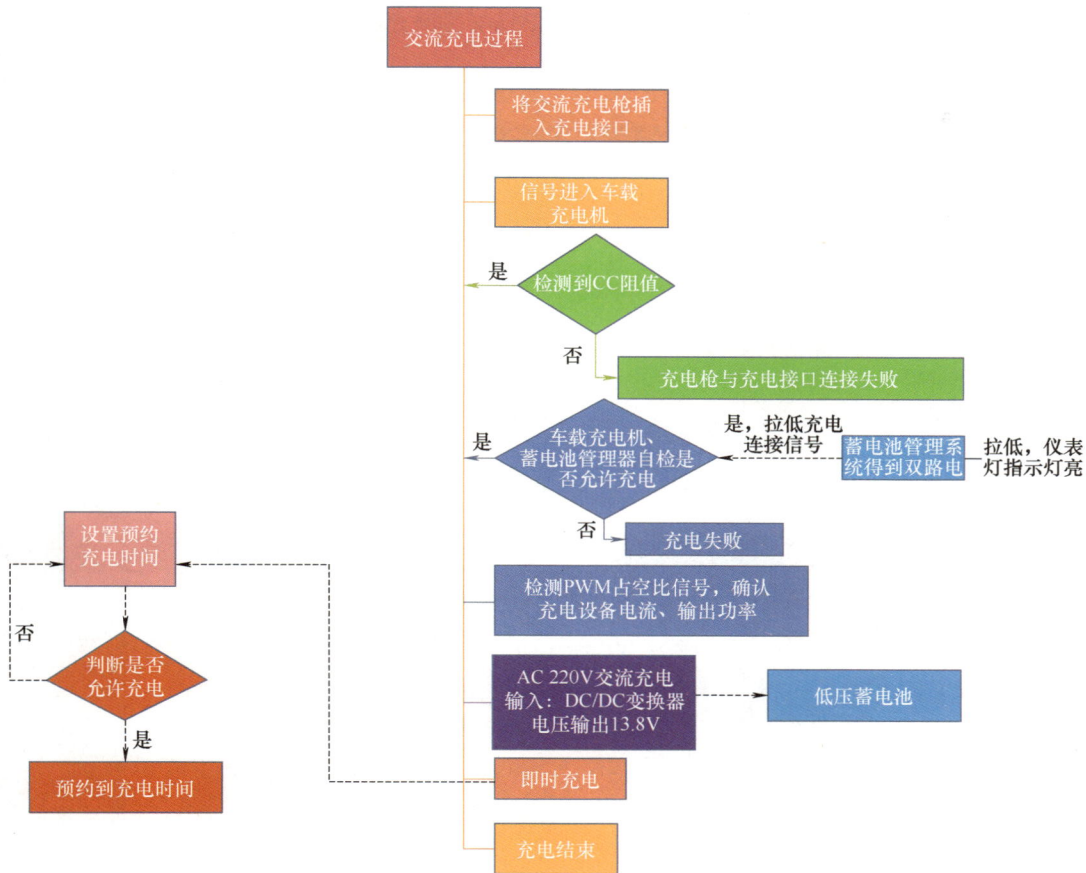

图 7-1-4　交流充电过程

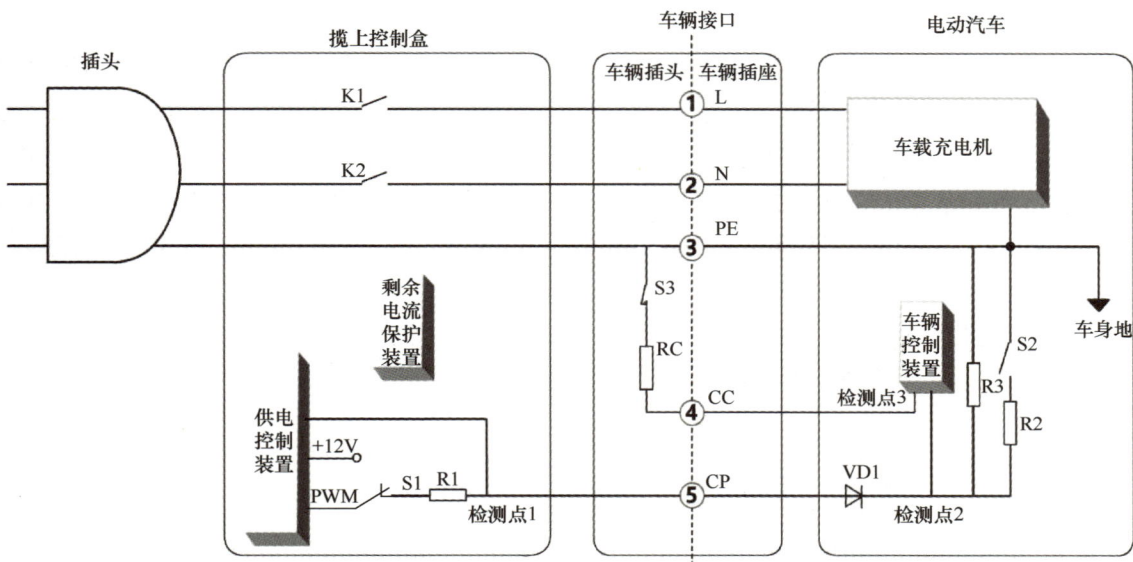

图 7-1-5　交流充电系统原理示意图

（2）CC 检测　通过对接入电路（接地）的检测来判断 CC 是否连接，如检测到压降，则认为 CC 已经连接。通过 CC 信号，可以判断充电枪电缆规格并允许充电电流，见表 7-1-3。

（3）CP 检测　当充电枪成功连接后，CP 信号为占空比信号，通过 CP 检测线传入的信号，可以得出该充电机允许的最大 AC 输入电流。通过 CP 信号判断充电枪最大输出电流，见表 7-1-4。

表 7-1-3　CC 信号判定

CC 信号数据表		
电阻	对应的充电电缆允许充电电流	备注
1.4~1.6kΩ	10A	随车充电器
580~780Ω	16A	3.3kW 充电桩
180~260Ω	32A	7kW 充电桩
60~140Ω	63A	三相交流充电桩
2kΩ	放电功能	放电功率 3.3kW

表 7-1-4　CP 信号判定

CP 信号数据表	
PWM	占空比 D 最大允许电流 I_{max}/A
$D<3\%$	不允许充电
$3\% \leqslant D \leqslant 7\%$	5% 的占空比表示需要数字通信，且需要充电
$7\%<D<8\%$	不允许充电
$8\% \leqslant D<10\%$	$I_{max}=6$
$10\% \leqslant D<85\%$	$I_{max}=(D \times 100) \times 0.6$
$85\% \leqslant D<90\%$	$I_{max}=(D \times 100-64) \times 2.5$ 且 $I_{max} \leqslant 63$
$90\% \leqslant D \leqslant 97\%$	预留
$D>97\%$	不允许充电

　　在整个充电过程的开始，车辆和交流充电桩（或充电线）都会先判断充电接口是否连接完好，然后车辆才会判断是否启动充电，所以充电时必须插抢到位。充电时，客户只需插抢，无须执行其他操作，车辆即进入充电模式开始充电，提高了客户使用的便利性。在车辆充电过程中，若电网突然断电，车辆会自动进入休眠，减少自身的能耗；当来电时，车辆会自动唤醒并检测车辆状态，如车辆未满电，则会继续充电，如已满电，则会停止充电并进入休眠，减少能量消耗。

　　交流充电电流相对较小，有利于延长动力蓄电池的使用寿命，且不易过热和发生故障。直流充电虽然能更快地完成充电，但对车辆的动力蓄电池损伤较大，也易发生过热，从而起火，因此建议车辆多采用交流充电模式，以有效延长动力蓄电池使用寿命和减少事故的发生。

　　3. 交流模式的充电条件

　　1）充电线连接确认信号正常。

　　2）充电机供电电源正常（含 220V 和 12V）及充电机工作正常。

　　3）充电唤醒信号输出正常（12V）。

　　4）充电机、VCU、BMS 之间通信正常（主继电器闭合、发送电流需求）。

　　5）0℃＜动力蓄电池单体温度＜45℃。

　　6）单体蓄电池最高电压与最低电压差＜0.3V（300mV）。

　　7）单体蓄电池最高温度与最低温度差＜15℃。

　　8）绝缘性能＞500Ω/V。

9）实际单体蓄电池最高电压不大于其额定电压 0.4V。

10）高、低压电路连接正常（远程控制开关关闭状态）。

11）交流充电设备用电功率不能超过家庭电网的负载上限，避免引起电网损坏或烧毁。

> ❓ 引导问题 4：在充电过程中，如果出现慢充不充电的故障，其可能的原因有哪些？
>
> _____
>
> _____

💡 **知识点提示**

交流充电（慢充）故障

1. 车辆不能正常充电

车辆不能正常充电的原因主要有车辆外部设备故障、车辆充电控制系统故障、动力蓄电池自身故障和通信故障。

（1）车辆外部设备故障　车辆需要利用外部设备进行充电，其充电的方式有充电桩充电和家用插座充电两大类。采用充电柱充电时，若充电异常，则可能是充电桩及电路故障，具体故障点包括充电桩自身故障、充电连接线故障、充电枪故障；采用家用 220V 充电时，充电异常的主要故障点包括充电插座故障、充电连接线故障和充电枪故障等。

（2）车辆充电控制系统故障　结合仪表故障现象，如果外部充电设备正常，则说明车辆控制系统出现故障。如确认充电控制信号 CP 故障，车载充电机不能检测到充电枪输出的占空比信号，无法判断充电枪电流大小，仪表不能显示充电电流。

（3）动力蓄电池自身故障　动力蓄电池是电能的载体，充电的过程就是将电能转化为化学能。当动力蓄电池自身发生故障时，会发生充电异常的现象。故障的主要原因可能是蓄电池管理系统故障、接口故障、内部传感器故障或者动力蓄电池自身的硬件故障等，这时需要对动力蓄电池进行进一步的检查。

（4）通信故障　如图 7-1-6 所示，汽车上各模块之间通过车载 CAN 网络进行通信，当蓄电池管理器与车载充电机等部件发生通信故障时，会发生不能上高压电、充电异常等异常现象。故障的主要原因可能是蓄电池管理系统与车载充电机之间 CAN 电路断路。

2. 交流充电系统常见的故障检修

（1）车辆仪表充电指示灯不亮　检查交流充电枪端子 CC 与 PE 的电阻值，标准值有 $1.5k\Omega$、680Ω、220Ω、100Ω。若充电枪端子的电阻值正常，则检查充电接口端子 CC 与 PE 的电压，标准值为 12V，若不正常，则检查充配电总成的常电。

（2）充电时充电桩跳闸　检查交流充电桩上游漏电开关的电流大小，若漏电开关的电流正常，则检查充电桩内部是否有短路。

（3）充电指示灯亮，但不充电　检查交流充电枪端子 CP 与 PE 的电压是否正常，标准值为 12V（未插枪）。插枪后测量充电接口端子 CP 与 PE 的电压是否有下降，若没有，则检查 CP 线束是否断路。

（4）交流充电跳枪　在交流充电过程中跳枪，等待一段时间后可以继续充电，检查交流充电接口端的温度传感器的电阻值是否变小，标准值为 2kΩ。

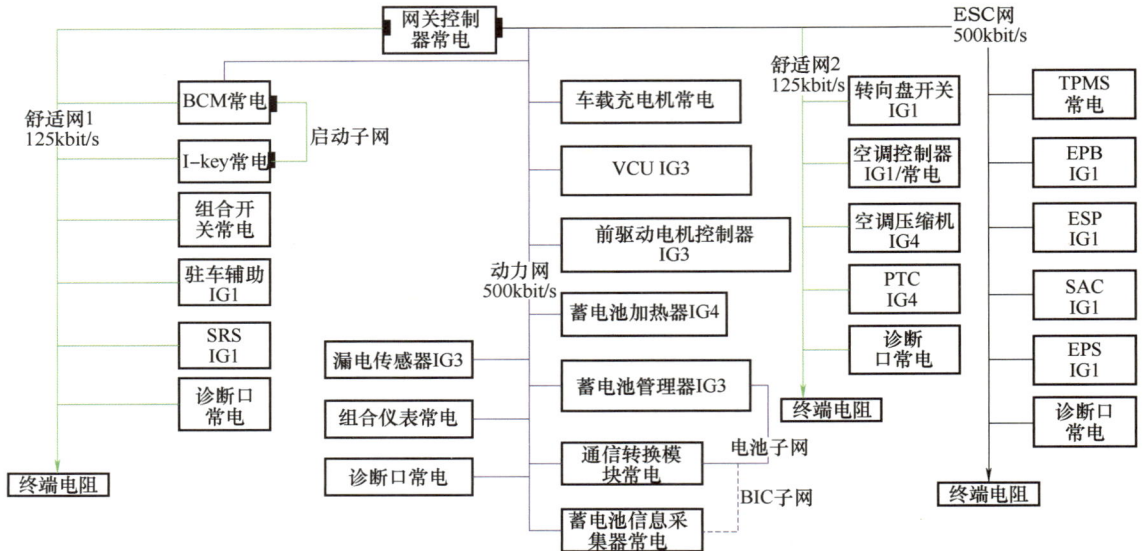

图 7-1-6　比亚迪秦 EV 通信原理图

进行决策

1）各组派代表阐述资料查询结果。

2）各组就各自的查询结果进行交流并分享技巧。

3）教师结合各组完成的情况进行点评并选出最佳方案。

任务实施

安全要求及注意事项见表 7-1-5，设备及工具清点表见表 7-1-6。

表 7-1-5　安全要求及注意事项

安全要求及注意事项	
1）实训开始前，提前准备好需要使用的个人防护用品，并检查是否符合使用标准。 2）实训开始前，提前做好场地防护，设置警告标识，在操作位置布置好绝缘防护措施。	3）检查实训场地和设备设施是否清洁及存在安全隐患，配电箱、插座是否符合用电需求，如不正常，请汇报老师并进行处理。 4）记录车辆铭牌信息，并做好检测结果记录。 5）实训结束后，必须清理场地和设备，撤除警示标识。

表 7-1-6　设备及工具清点表

设备及工具名称	数量	清点
比亚迪秦 EV 整车	1 辆	□清点
道通 MS908E 汽车故障诊断仪	1 个	□清点
数字万用表	1 个	□清点
万用接线盒	1 个	□清点
工位防护套装	1 套	□清点
随车充电器	1 套	□清点
个人防护套装	两套	□清点

比亚迪秦 EV 交流充电 CC 信号故障检测

1. 故障现象

一辆比亚迪秦 EV 起动时，仪表 READY 灯正常亮，下高压电并连接随车充电枪，仪表充电指示灯不亮，如图 7-1-7 所示。

2. 故障分析

车辆充电异常是指电动汽车正确连接充电枪或充电桩后，不能正确对车辆进行充电。车辆充电异常故障现象可以分为以下三类：

1）连接充电枪后仪表充电指示灯不亮。

2）连接充电枪后仪表充电指示灯亮，但是不能显示充电电流、充电功率及时间，即不能正常充电。

3）充电过程中跳枪等。结合故障现象，充电指示灯不能正常亮，说明充电连接信号不正常，可能原因有充电枪故障和车辆充电系统故障。

3. 故障诊断

1）打开充电接口盖，检查交流充电接口是否有异物及烧蚀的现象；打开前机舱盖，检查充电高压线束是否正常；检查充电枪外观是否完好。

2）连接故障诊断仪读取故障码及数据流，检查有无故障码及充电连接状态是否正常。若充电连接装置连接状态为未连接，则说明异常，如图 7-1-8 所示。

图 7-1-7　仪表无显示

图 7-1-8　充电连接装置连接状态

3）使用万用表电压档测量充电座端子 CC 与 PE 之间的电压值，测量值为 0，如图 7-1-9 所示，标准值为 12V，异常。

4）使用万用表电阻档测量交流充电枪端子 CC 与 PE 的电阻值，测量值正常（便捷式交流充电枪标准值为 1.5kΩ，7kW 交流充电桩的标准值为 220Ω），如图 7-1-10 所示。

图 7-1-9　测量充电座端子 CC 与 PE 之间的电压值

图 7-1-10　7kW 交流充电桩充电枪端子 CC 与 PE 的电阻值

5）根据交流充电的电气原理图（图 7-1-11），使用万用表电压档测量充配电端子电压，测量值为12V，标准值为12V，正常。

6）查看电气原理图，找到充电连接确认端子CC（BK46-4）与充电接口端子CC（KB53（B）-2），使用万用表测量电路的通断。若在确定充电连接的情况下测量值为无穷大，则说明线束断路。

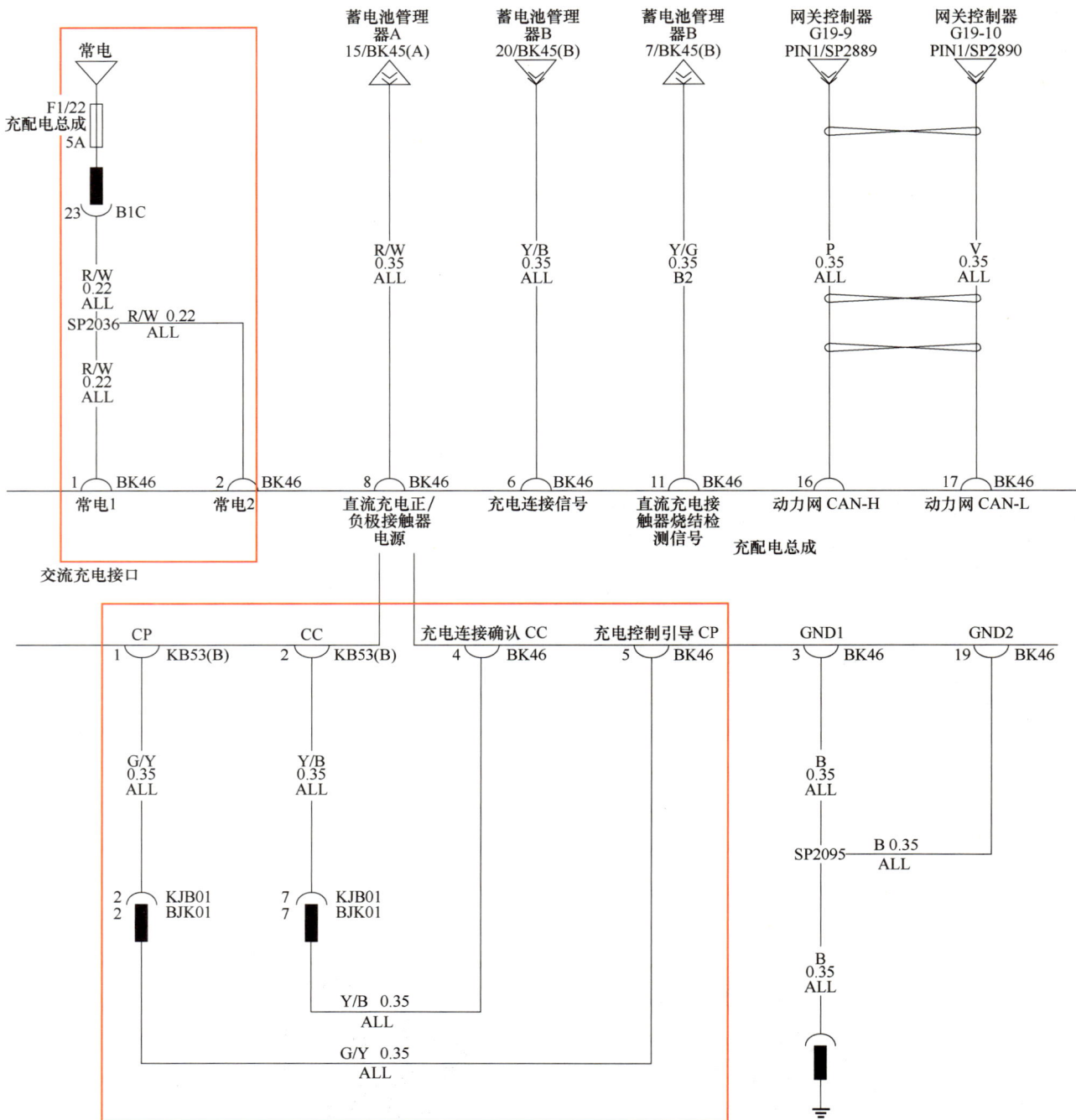

图7-1-11　交流充电的电气原理图

7）恢复电路。

8）插上充电枪，车辆仪表显示正常充电信息，如图7-1-12所示，故障排除。

图 7-1-12　仪表显示正常充电画面

4. 现场 6S 整理

5. 实训拓展

> 2021 年，我国交通运输部职业资格中心组织编制了《新能源汽车检测维修专业能力评价标准》。关于新能源汽车"三电"系统的维修技能在标准"5.3.4.2 新能源汽车充电控制技术"中要求掌握以下内容：
>
> 1）充电控制系统的检测诊断的方法与步骤。
>
> 2）充配电总成控制系统的检测诊断的方法与步骤。
>
> 3）电池管理系统的检测诊断的方法与步骤。
>
> 根据标准要求，从业人员需掌握充电控制系统检测诊断的方法与步骤。以车载充电机故障检修为例，请扫描二维码进行学习。

职业认证

车载充电机
通信故障
检修

评价反馈

1）各组代表展示汇报 PPT，介绍任务的完成过程。

2）以小组为单位，对各组的操作过程与操作结果进行自评和互评，并将结果填入表 7-1-7 中。

表 7-1-7　学生评价表

姓名		学号			班级			组别			
实 训 任 务											
评价项目	分值	等　级				评价对象（组别）						
		A	B	C	D	1	2	3	4	5	6	7	8
方案合理	20	20	15	10	5								
团队合作	20	20	15	10	5								
工作质量	20	20	15	10	5								
工作规范	20	20	15	10	5								
汇报展示	20	20	15	10	5								
合计	100	各组得分											
总结与反思													

（如：学习过程中遇到什么问题→如何解决的 / 解决不了的原因→心得体会）

教师对学生工作过程与工作结果进行评价，并将评价结果填入表 7-1-8 中。

表 7-1-8　教师对学生评价表

姓名			学号		班级	组别	
	实训任务						
	评价项目		评价标准			分值	得分
考勤（10%）			无故意迟到、早退和旷课的现象			10	
工作过程（60%）	知识目标	获取信息	掌握工作相关知识			10	
		进行决策	制订工作方案，方案合理可行			10	
	技能目标	任务实施	能够使用故障诊断仪检测车辆故障码和数据流信息			5	
			能够识别交流充电的控制策略以及充电过程			5	
			能够分析交流充电故障的原因			5	
			能够完成比亚迪秦 EV 交流充电 CC 信号故障检测			5	
	素养目标	工作态度	认真严谨、积极主动、安全生产、文明施工			5	
		团队合作	与小组成员、同学之间能合作交流、协调工作			5	
		工作质量	能按照工作方案操作，按计划完成工作任务			10	
项目成果（30%）		工作完整	能按时完成工作任务的所有环节			10	
		工作规范	能在整个操作过程中规范操作，避免意外事故的发生			10	
		汇报展示	能准确表达、汇报工作成果			10	
合计						100	
综合评价	学生评价（50%）		教师评价（50%）			综合得分	
	（作业过程中存在的问题及改进建议）						
综合评语							

任务二　快充不充电的故障诊断与排除

🎯 任务目标

知识目标

1. 掌握直流充电（快充）系统的组成。
2. 掌握直流充电（快充）接口端子。
3. 掌握直流高压充电原理。
4. 掌握常见的直流系统的故障检修方法。
5. 掌握直流充电系统线束检测流程。

技能目标

1. 能正确使用工具套装进行直流充电底座的拆装。
2. 能通过完成直流充电接口电路故障检测了解直流充电相关线束。
3. 能够配合实车说出直流充电电流流向。
4. 能独立完成直流充电接口温度传感器的故障诊断。

素养目标

1. 认真严谨、积极主动、安全生产、文明施工。
2. 与小组成员、同学之间能合作交流、协调工作。
3. 获得分析问题和解决问题的基本方法。
4. 积极主动与小组成员交流、讨论学习成果，取长补短，完成自我提升。

📊 任务框图

📖 任务导入

　　一位客户到比亚迪 4S 店购买纯电动汽车，想要了解纯电动汽车的充电方式，作为 4S 店的一名销售经理，请你带客户了解比亚迪主流车型秦 EV，并作为一名专业的技师为其介绍纯电动汽车充电系统。

首先介绍直流（快充）充电系统的组成、控制策略和电流走向等，然后通过完成直流充电系统 CC 信号故障检测、直流充电系统 CP 信号故障检测来介绍直流充电系统常见故障的诊断方法。

通过以上学习，完成对比亚迪纯电动汽车直流充电系统从认知到故障诊断基础的学习，使客户对充电系统有较全面的认识。

任务分组

学生任务分配表见表 7-2-1。

表 7-2-1　学生任务分配表

班　级		组　号		指 导 教 师	
组　长		学　号			
组　员	姓名：_____　学号：_____			姓名：_____　学号：_____	
	姓名：_____　学号：_____			姓名：_____　学号：_____	
	姓名：_____　学号：_____			姓名：_____　学号：_____	
	姓名：_____　学号：_____			姓名：_____　学号：_____	
任 务 分 工					

（就组织讨论、工具准备、数据采集、数据记录、安全监督、成果展示等工作内容进行任务分工）

获取信息

❓ 引导问题 1：对于新能源汽车通常直流充电比交流充电的充电时间更短，很多车主更愿意用直流充电桩充电。你对新能源汽车的直流充电系统有哪些了解？其主要组成有哪些？

_____

_____

❓ 引导问题 2：以比亚迪秦 EV 为例，简述在直流充电系统中充配电总成的作用。

_____

_____

知识点提示

直流充电（快充）系统认知

直流充电是用直流充电设备直接给新能源汽车的动力蓄电池补充能量的方式。直流充电桩输出 DC 500V 的直流电，通过充配电总成的直流充电正、负极接触器后给动力蓄电池充电。

在直流充电模式下，充电系统主要由直流充电桩、直流充电接口、直流充电高压线束、充配电总成（以比亚迪秦 EV 为例，称为充配电总成，其他车型如吉利 EV450 称为车载分线盒，不同车型集成程度不同，名称也不同）和动力蓄电池等组成。

1. 直流充电桩

充电桩的功能类似于加油站里面的加油机，直流充电桩的输入端与交流电网 380V 三相电直接连接，内部直接将高压交流电转化为高压直流电，输出端装有充电枪，用于连接直流充电接口。图 7-2-1 所示为直流充电桩的外观。

2. 直流充电接口及端子

（1）直流充电接口　通过直流充电桩的直流充电接口将高压直流电供给动力蓄电池充电，其端子如图 7-2-2 所示。

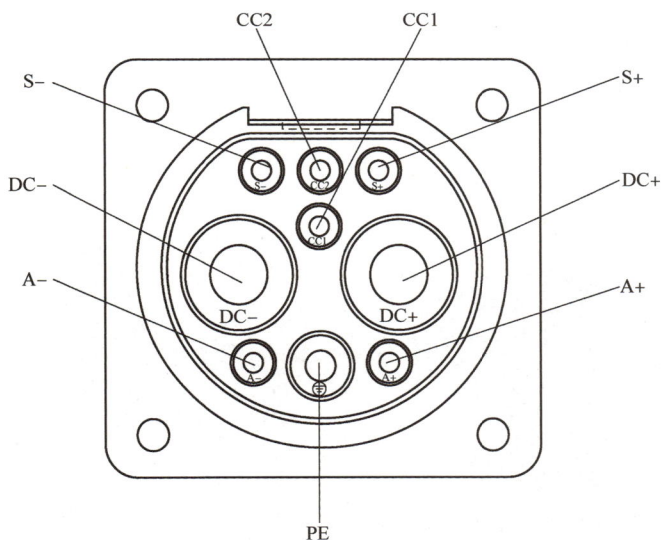

图 7-2-1　直流充电桩的外观

图 7-2-2　直流充电接口端子图

DC–：高压输出负极，经过高压控制盒快充负继电器，输出到动力蓄电池高压负极。

DC+：高压输出正极，经过高压控制盒快充正继电器，输出到动力蓄电池高压正极。

PE（GND）：车身搭铁，接车身。

A–：低压辅助电源负极，接辅助蓄电池负极。

A+：低压辅助电源正极，为 12V 快充唤醒信号。

CC1：直流连接确认线，属内部电路，CC1 与 PE 之间有一个 1000Ω 的电阻。

CC2：直流连接确认线。

S+：直流 CAN-H，与动力蓄电池管理系统及数据采集终端通信。

S−：直流 CAN-L，与动力蓄电池管理系统及数据采集终端通信。

（2）直流充电接口端子 直流充电接口端子测量见表 7-2-2。

表 7-2-2 直流充电接口端子测量

1~A−（低压辅助电源负）	4~CC1（车身地）1kΩ±30Ω
2~A+（低压辅助电源正）	5~S−（CAN-L）
3~CC2（直流充电感应信号）	6~S+（CAN-H）

3. 直流充电高压线束

连接直流充电接口到高压电控总成之间的线束，如图 7-2-3 所示。

4. 充配电总成

以比亚迪秦 EV 为例，在充配电总成中有直流充电烧结检测模块和直流充电正、负极接触器，如图 7-2-4 所示。其中，直流充电接口中的 DC+ 和 DC− 之间安装有 2kΩ 热敏式温度传感器，当充电接口温度传感器的电阻值变小时，充配电总成通过动力 CAN 总线与蓄电池管理器进行通信，减小直流充电接口的充电电流，直到充电接口温度降至正常范围内。若充电接口温度持续上升，蓄电池管理器控制充配电总成中的直流充电正、负极接触器断开，停止给动力蓄电池充电，避免充电过程中，充电接口的温度过高导致充电接口熔化，造成安全隐患，以保证车辆充电安全。

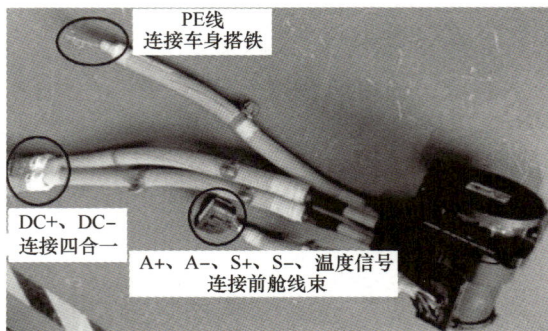

图 7-2-3 直流充电高压线束

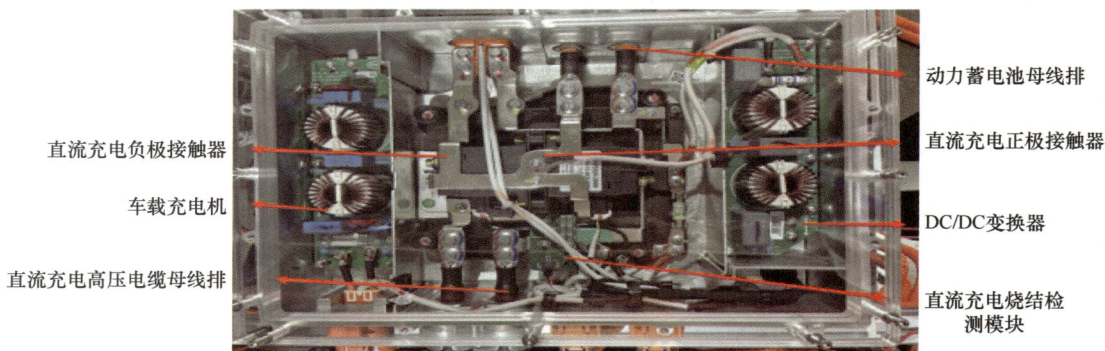

图 7-2-4 比亚迪秦 EV 车型直流充电系统

❓ 引导问题 3：以比亚迪秦 EV 为例，简述新能源汽车直流充电的过程，并说说需要车主手动操作的步骤有哪些。

_____

_____

知识点提示

直流充电工作原理

　　直流充电时，在动力蓄电池的两端加载直流电压，以恒定大电流对动力蓄电池充电，动力蓄电池的电压渐渐地、缓慢地上升，上升到一定程度时，动力蓄电池电压达到标称值。SOC 在达到 88% 时（针对不同动力蓄电池，不同主机厂的控制策略不一样）转为恒压充电，此时会降低充电电流，直到直流充电桩输出的电流 <5A，直流充电桩停止给新能源汽车充电。

　　图 7-2-5 所示为新能源汽车直流充电的工作原理图。直流充电桩和纯电动汽车通过车辆直流充电接口相连。S 开关是一个常闭开关，与直流充电枪头上的按键（即机械锁）相关联，当按下充电枪头上的按键时，S 开关即打开。U_1、U_2 是 12V 上拉电压，R_1~R_5 是阻值约为 1000Ω 的电阻，R_1、R_2、R_3 在充电枪上，R_4、R_5 在车辆插座上。充电过程可以分为以下几个阶段：

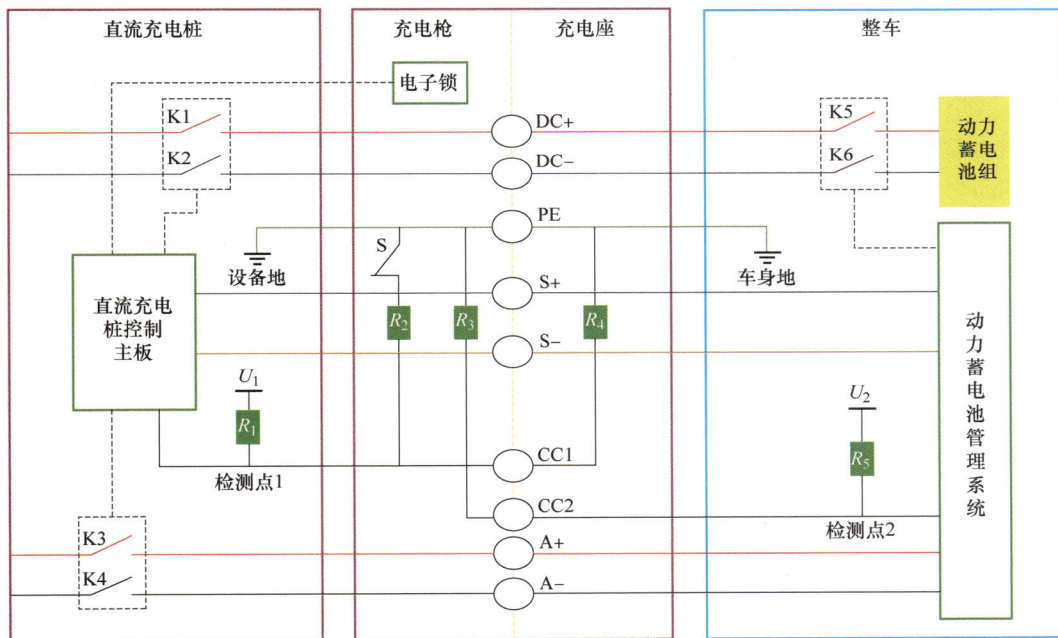

图 7-2-5　新能源汽车直流充电的工作原理图

　　（1）车辆充电接口连接确认阶段　先按下充电枪头按键，将直流充电枪插入直流充电接口内后，再放开枪头按键。充电桩的检测点 1 将检测到 12V—6V—4V 的电平变化。一旦检测到 4V，充电桩将判断充电枪插入成功，车辆接口完全连接，并将充电枪中的电子锁进行锁定，防止充电枪头脱落。图 7-2-6 所示为车辆仪表显示直流充电连接成功提示。

　　（2）直流充电桩自检阶段　如图 7-2-5 所示，在车辆接口完全连接后，充电桩将闭合 K3、K4，使低压辅助供电回路导通，为新能源汽车控制装置供电（有的车辆不需要供电）。车辆得到供电后，根据检测点 2 的电压判断车辆接口是否连接。若电压值为 6V，则车辆装置开始周期发送通信握手报文。接着闭合 K1、K2，进行绝缘检测，即检测 DC 电路的绝缘性能，保证后续充电过程的安全性。绝缘检测结束后，将 IMDC 绝缘检测以物理的方式从强电回路中分离，并转入泄放回路对充电输出电压进行泄放，当泄放电压降至 DC 60V 以下后，断开 K1、K2，同时开始周期发送通信握手报文。

图 7-2-6　车辆仪表显示直流充电连接成功提示

（3）充电准备就绪阶段　充电准备就绪阶段是新能源汽车与直流充电桩相互配置的阶段，车辆控制 K5、K6 闭合，使充电回路导通，充电桩检测到车辆端动力蓄电池电压正常（电压范围应在通信报文描述的蓄电池电压误差 ≤ ±5%，并且在充电桩输出最大、最小电压的范围内）后闭合 K1、K2，直流充电电路导通，新能源汽车准备开始充电。

（4）充电阶段　在充电阶段，车辆向直流充电桩实时发送动力蓄电池充电需求的参数，充电桩根据该参数实时调整充电电压和电流，并相互发送各自的状态信息（如充电桩输出电压电流、车辆动力蓄电池电压电流、SOC 等）。

（5）车辆充电结束　车辆根据 BMS 是否达到充满状态或是收到充电桩发来的"充电桩中止充电报文"来判断是否结束充电。满足上述充电结束条件后，车辆会发送"车辆中止充电报文"，在确认充电电流小于 5A 后断开 K5、K6。

（6）充电桩停止充电　充电桩在达到操作人员设定的充电结束条件，或者收到汽车发来的"车辆中止充电报文"后，会发送"充电桩中止充电报文"，并控制充电桩停止充电，在确认充电电流小于 5A 后断开 K1、K2。

❓ 引导问题 4：直流充电过程中易发生的故障如直流充电跳枪、通信超时等，除此之外你还了解哪些充电故障呢？

_____

_____

💡 知识点提示

直流充电系统常见的故障与检修

直流充电系统常见的故障如下：

（1）充电桩显示车辆未连接　检查直流充电接口端子 CC1 与 PE 之间是否有 1kΩ 电阻，检查直流充电接口的簧片是否断裂。

（2）**充电枪连接成功但未唤醒 BCM** 检查直流充电枪输出 A+、A- 辅助电源是否正常；若不正常，则检查直流充电桩内部的开关电源是否工作。

（3）**动力蓄电池接触器吸合，但无输出电流** 检查直流充电桩与 BMS 的充电协议是否匹配，建议刷新最新的国标充电协议。

（4）**充电桩与车辆通信超时** 检查充电枪端 S+、S- 之间的电阻值，正常值为 120Ω，若不正常，则拆检直流充电枪，更换内部的碳膜电阻即可。检查直流充电接口端 S+、S- 之间的电阻值，正常值为 120Ω，若不正常，则拆检充电接口，更换内部的碳膜电阻即可。

（5）**直流充电跳枪** 若在直流充电过程中跳枪，等待一段时间后可以继续充电，检查直流充电接口端温度传感器的阻值是否变小，标准值为 2kΩ。

（6）**DC/DC 变换器不工作** 在直流充电过程中，若突然跳枪后无法充电，则检查辅助蓄电池的电压。若低于 9.8V，则检查 DC/DC 变换器是否不工作。

> ❓ 引导问题 5：某维修技术人员需要对比亚迪秦 EV 的直流充电系统进行一次全面的检查，请问该如何操作呢？
>
> _____
>
> _____

💡 知识点提示

直流充电系统线束检测过程

1. 检查直流充电接口总成高压线束

1）拔出直流充电接口总成的高压接插件，如图 7-2-7 所示。

2）测试正、负极电缆是否导通，如图 7-2-8 所示。

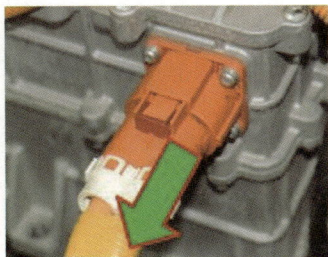

按下开关按钮，向外拔出插接器

图 7-2-7 拔出高压接插件

图 7-2-8 测试正、负极电缆是否导通

以上测试情况正常，则进行下一步检查；如果测试情况不正常，则更换直流充电接口。

2. 检查直流充电接口总成低压线束

1）将起动开关置于"OFF"位置。

2）拔出蓄电池管理器低压接插件 BMC02。

3）用万用表检查蓄电池管理器接插件 BMC02 与充电接口端子的电阻值。测量位置及对应的标准电阻值，见表 7-2-3。

表 7-2-3　测量位置及对应的标准电阻值

测量位置	标准电阻值
BMC02-04（B04）~CC2（直流充电感应信号）	小于 1Ω
BMC02-14（B14）~S+（CAN-H）	小于 1Ω
BMC02-20（B20）~S−（CAN-L）	小于 1Ω
1（A1）~A−（低压辅助电源负）	小于 1Ω
2（A2）~A+（低压辅助电源正）	小于 1Ω
CC1~ 车身地	1kΩ ± 30Ω

如果测量结果正常，则进行下步检查；如果测量结果不正常，则更换直流充电接口总成低压线束。

进行决策

1）各组派代表阐述资料查询结果。

2）各组就各自的查询结果进行交流并分享技巧。

3）教师结合各组完成的情况进行点评并选出最佳方案。

任务实施

安全要求及注意事项见表 7-2-4，设备及工具清点表见表 7-2-5。

表 7-2-4　安全要求及注意事项

安全要求及注意事项	
1）实训开始前，提前准备好需要使用的个人防护用品，并检查是否符合使用标准。 2）实训开始前，提前做好场地防护，设置警告标识，在操作位置布置好绝缘防护措施。 3）在工位出口处设置高压安全警示牌，提醒周边人员工位正在进行高压电气维修。 4）禁止在带电状态下触碰任何带安全警示标志的部件。	5）禁止徒手触摸所有橙色的线束。 6）检查实训场地和设备设施是否清洁及存在安全隐患，配电箱、插座是否符合用电需求，如不正常请汇报老师并进行处理。 7）记录车辆铭牌信息，并做好检测结果记录。 8）断开高压母线以后注意验电，避免线束漏电造成电击危险。 9）实训结束后，必须清理场地和设备，撤除警示标识。

表 7-2-5　设备及工具清点表

名称	数量	清点
数字万用表	1 个	□清点
比亚迪秦 EV 整车	1 辆	□清点
绝缘手套	1 副	□清点
耐磨手套	1 副	□清点
万用接线盒	1 个	□清点
一体化工量具	1 套	□清点

直流充电接口电路故障检测

1. 故障检测

1）关闭起动开关，断开辅助蓄电池负极连接，如图 7-2-9 所示。

2）使用一字螺钉旋具拆卸车辆前机舱装饰板固定卡扣，并将前机舱装饰板取下，如图 7-2-10 所示。

图 7-2-9 断开辅助蓄电池负极连接

图 7-2-10 拆卸前机舱装饰板固定卡扣

3）拔下直流充电低压接插件，如图 7-2-11 所示。

4）找到温度传感器端子，测量两对端子之间的电阻值。

5）查看蓄电池管理器 B/ 直流充电接口电气原理图，找到充电子网 CAN-H 与 CAN-L 端子，使用万用表电阻档测量充电子网 CAN-H 端子 B53（A）-5 与充电子网 CAN-L 端子 B53（A）-4 之间的电阻值，测量值为 123Ω（标准值为 120Ω），如图 7-2-12 所示，正常。

图 7-2-11 拔下直流充电低压接插件

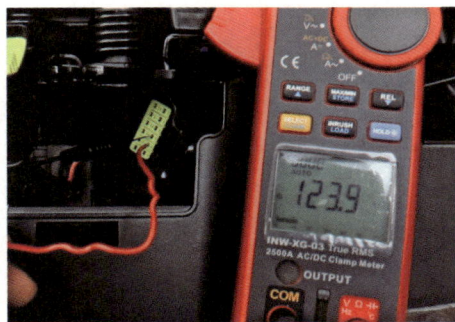

图 7-2-12 测量 CAN-H 与 CAN-L 的电阻

6）打开直流充电接口盖板，使用万用表电压档测量直流充电接口 CC1 与 PE 的电阻，测量值为 0.994kΩ（标准值为 1kΩ），如图 7-2-13 所示，正常。

7）使用万用表电阻档测量 S+ 与 S– 之间的电阻值，测量值为 123.7Ω（标准值为 120Ω），如图 7-2-14 所示，正常。

8）使用万用表电阻档测量直流充电枪 CC2 与 PE 之间的电阻值，测量值为 1kΩ（标准值为 1kΩ），如图 7-2-15 所示，正常。

9）使用万用表电压档测量直流充电枪 A+ 与 A– 之间的电压，测量值为 12V（标准值为 12V），如图 7-2-16 所示，正常。

图 7-2-13　测量直流充电接口 CC1 与 PE 的电阻

图 7-2-14　测量 S+ 与 S– 之间的电阻值

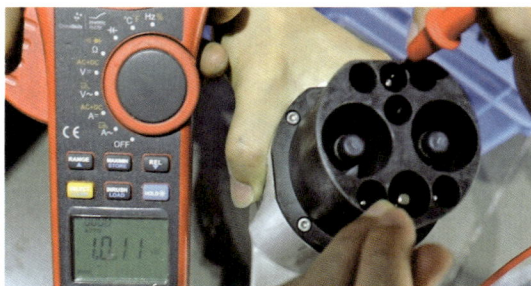

图 7-2-15　测量直流充电枪 CC2 与 PE 之间的电阻值

图 7-2-16　测量直流充电枪 A+ 与 A– 之间的电压

2. 现场 6S 整理

3. 实训拓展

直流充电接
口温度信号
检测

职业认证

2022 年，我国交通运输部职业资格中心组织编制了《新能源汽车检测维修专业能力评价标准》。其中，5.3.4.2 新能源汽车充电系统维修工艺及技术要求明确要求掌握以下内容：

1）新能源汽车充电系统维修常用机具的功能与使用。

2）充电系统主要零部件的检验方法。

3）新能源汽车充电系统维修竣工检验。

4）充配电总成的装配方法。

5）充电装置的安装工艺及技术要求。

请扫描二维码，学习直流充电接口温度信号检修并完成相关检测。

评价反馈

1）各组代表展示汇报 PPT，介绍任务的完成过程。

2）以小组为单位，对各组的操作过程与操作结果进行自评和互评，并将结果填入表 7-2-6 中。

表 7-2-6　学生评价表

姓名		学号			班级			组别			

实训任务													
评价项目	分值	等级				评价对象（组别）							
		A	B	C	D	1	2	3	4	5	6	7	8
方案合理	20	20	15	10	5								
团队合作	20	20	15	10	5								
工作质量	20	20	15	10	5								
工作规范	20	20	15	10	5								
汇报展示	20	20	15	10	5								
合计	100	各组得分											

总结与反思

（如：学习过程中遇到什么问题→如何解决的／解决不了的原因→心得体会）

>> 教师对学生工作过程与工作结果进行评价，并将评价结果填入表 7-2-7 中。

表 7-2-7　教师对学生评价表

姓名			学号		班级		组别	
实训任务								
评价项目			评价标准				分值	得分
考勤（10%）			无故意迟到、早退和旷课的现象				10	
工作过程（60%）	知识目标	获取信息	掌握工作相关知识				10	
		进行决策	制订工作方案，方案合理可行				10	
	技能目标	任务实施	能够使用万用表检测充电系统端子的电压和电阻值				5	
			能够识别直流充电系统常见的故障与检测				5	
			能够完成直流充电系统线束检测				5	
			能够完成直流充电接口电路故障检测				5	
	素养目标	工作态度	认真严谨、积极主动、安全生产、文明施工				5	
		团队合作	与小组成员、同学之间能合作交流、协调工作				5	
		工作质量	能按照工作方案操作，按计划完成工作任务				10	
项目成果（30%）	工作完整		能按时完成工作任务的所有环节				10	
	工作规范		能在整个操作过程中规范操作，避免意外事故的发生				10	
	汇报展示		能准确表达、汇报工作成果				10	
合计							100	
综合评价		学生评价（50%）		教师评价（50%）		综合得分		
		（作业过程中存在的问题及改进建议）						
综合评语								

情智课堂

如何看待"换电技术"

　　在新能源汽车领域的"换电"，就是当新能源汽车动力蓄电池电量不足时，在换电站更换上已经充满电的动力蓄电池，类似以往手机换电池的充电方式。

　　换电技术最早始于21世纪初，当时新能源汽车产业还处于示范发展推广初期，新能源汽车的续驶里程不尽如人意，动力蓄电池技术发展缓慢，针对这一窘境，相关企业开始研发换电技术。全球最具代表性的换电公司——Better Place公司与以色列政府合作，投资6亿美金在以色列建成了38个换电站和少量充电桩。Better Place公司相继与丹麦、澳大利亚、加拿大和日本等国合作，大力推行旗下的换电网络服务项目。2013年5月，在巨额建站成本和极低回报率的情况下，Better Place公司宣布破产，其相应的换电业务宣告终止。不久之后，美国电动汽车制造商特斯拉演示了其最新研发的耗时仅90s的换电技术，但由于产业链整合难度大、建站投入高、收益极微等因素，特斯拉最终宣告放弃换电模式。

　　2017年12月16日，蔚来汽车在其Nio Day发布会上正式公布针对私人车主的Nio Power换电技术，可以实现3min内完成动力蓄电池的快速更换，其系统是全球首个面向私人用户的汽车换电服务系统。蔚来实现了旗下所有车型使用统一规格标准的动力蓄电池组，方便不同车型的动力蓄电池更换，同时推出动力蓄电池租用服务，真正实现私人乘用车市场"车电分离"的商业模式，为新能源汽车企业换电业务的发展树立了行业标杆。截至2022年4月，蔚来已经建设换电站数目约为1400个。汽车厂商蔚来汽车有限公司和吉利汽车集团有限公司、动力蓄电池制造商奥动新能源汽车科技有限公司以及中国石油化工集团有限公司共同表示，计划到2025年在全国开设总计2.4万个换电站。不论是技术水平还是商业模式的发展，中国的汽车换电领域都已经走在世界前列。

　　目前，换电模式在一定程度上延长了动力蓄电池的使用寿命，因为其每次使用后都会经过检查、保养和维修，做一个全面的"体检"，为用户的安全保驾护航。另外，对于耗损超过20%的动力蓄电池，目前采取的回收方式是阶梯利用，报废的动力蓄电池用于其他领域，如通信基站、储能单位。

　　换电站建设需要在土地、基础设施建设、动力蓄电池储备及运营维护等方面投入大量精力，还需要具备超强的适配能力，其建设和模式的推广普及还存在着一些问题，需要时间来逐渐统一；并且随着车型销量的逐渐增长，如果不及时增建与之配套的充电站，就会面临换电站换电紧张的问题。对于用户来说，长时间的排队等待，还不如选择超充来得划算。长此以往，换电技术的服务优势便会受到影响。如果选择增建换电站，那么便意味着投入大量资金，去购买大量土地、设备，以及招募运营维护人员。因此，如何解决用户体验与换电建设成本之间的矛盾点，成为决定"换电技术"可持续发展的关键。

参考文献

［1］王威.电动汽车电机驱动系统控制方法研究［D］.武汉：华中科技大学，2018.

［2］吴琦.新能源汽车电机驱动控制系统的研究［D］.锦州：辽宁工业大学，2017.

［3］吕冬明，杨运来.新能源汽车电机及控制系统检修［D］.北京：机械工业出版社，2018.